Roberta Schira

IL NUOVO BON TON A TAVOLA E L'ARTE DI CONOSCERE GLI ALTRI

SALANI EDITORE

ISBN 978-88-6256-718-3

Per essere informato sulle novità
del Gruppo editoriale Mauri Spagnol visita:
www.illibraio.it
www.infinitestorie.it

Prima edizione: ottobre 2012
Seconda ristampa: marzo 2013

ADRIANO SALANI EDITORE
Da 150 anni più felici con un libro

Gruppo editoriale Mauri Spagnol
Milano

www.salani.it

Il corpo parla a nostra insaputa, rivela e racconta inavvertitamente, tradisce offrendo una psicologia, una sociologia. Se osservate il comportamento di qualcuno a tavola, vi vedrete, come un animale nel suo territorio, un individuo esibirsi involontariamente perché non sa che in quel momento di lui si vede tutto.

Michel Onfray, *I filosofi in cucina. Critica della ragione dietetica*, Ponte alle Grazie, Milano, 2011

A che cosa serve questo libro?

Premesso che esistono decine di libri sull'argomento, questo è il mio bon ton, perché se vuoi conoscere davvero una persona devi mangiarci insieme almeno una volta.

Questo libro denuncia come ci comportiamo male a tavola e tratta di altre cose fondamentali nella vita come:

- Ripassare il galateo divertendosi.
- Diventare un invitato modello.
- Scoprire come si mangia un kiwi con le posate.
- Non farsi guardare con disprezzo dai camerieri del ristorante stellato.
- Evitare situazioni imbarazzanti con la futura suocera.
- Non farsi cogliere impreparati dai figli adolescenti.
- Usare il linguaggio del corpo a proprio esclusivo vantaggio.
- Capire se chi vi ha invitato a cena è la vostra anima gemella.
- Capire a che punto è la trattativa in un pranzo di lavoro.
- Smascherare un bugiardo mangiando una carbonara.
- Capire se il vostro capo ci sta provando alla «bicchierata» in ufficio.

1. Mi passi lo stuzzicadenti?

Eravamo seduti a tavoli rotondi da otto: cena formale. Quella sera si fondava l'ennesima associazione benemerita, con premiazioni e brindisi di rito. L'obiettivo era raccogliere fondi. La natura degli ospiti appariva alquanto eterogenea: imprenditori, giornalisti e qualche personaggio televisivo messo ben in mostra ai tavoli centrali. Mi ero riproposta di non fare alcun caso al comportamento dei miei commensali, ma di godermi la cena e la compagnia senza cedere alla tentazione dell'esercizio della critica, intesa come espressione del giudizio e categoria mentale (senza scomodare Kant). Subito dopo le presentazioni, improntate per lo più alla formula «piacere», formula che – come scoprirete leggendo questo libro – è preferibile dimenticare, veniamo accompagnati al tavolo.

Osservare la gente mentre mangia è fonte di inesauribile spasso, per me, ma anche spunto per qualche amara riflessione. Lo ammetto, sono un'incallita voyeur del convivio, una maniaca ossessiva della tavola, una feticista del commensale. Il convitato per me è un libro aperto. Trascorrere a tavola metà della propria esistenza, a volte, risulta fatale e non solo dal punto di vista fisico. Ho affinato una sorta di intuito che mi permette di radiografare al meglio una persona se questa si attovaglia in mia compagnia.

Ma torniamo alla cena. Avevo già notato, per esempio, che quasi tutti al mio tavolo avevano iniziato a mangiare prima che gli altri fossero serviti. Solo la signora bionda alla mia destra e un ragazzo con i baffi avevano allineato in maniera corretta le posate sul piatto (per la precisione alle ore 17 e 20), gli altri no. Dopo decine di serate passate con cellulari sul tavolo e tovaglioli infilati nel colletto, la speranza di trovare qualche beneducato stava svanendo. Ma esiste ancora qualcuno che conosce le regole? pensai. Non vi sono statistiche in merito, ma è probabile che solo tre italiani su dieci si comportino bene a tavola e forse uno su cento legga il linguaggio del corpo, quel modo che ha il nostro inconscio di parlare all'altro, senza proferire parola.

L'uomo alla mia destra beveva rumorosamente schioccando la lingua. Fingo di non registrare, non posso fare altro. Si sa come il galateo preveda – nel caso di gaffe colossali – di ignorare la cosa o, per i fortunati che ne siano dotati, attingere al proprio *sense of humour* con una buona battuta. Tutt'al più si alza un sopracciglio, manifestando la propria contrarietà con una smorfia appena percettibile. Insomma, la stessa che compare quando si sente un congiuntivo sbagliato.

La cena continuava. Una signora molto profumata rideva ostentatamente e il marito, stimato chirurgo della città, si allentava la cravatta in maniera preoccupante, sudando copiosamente sul décolleté eritematoso della moglie e asciugandosi il collo – udite, udite – con il tovagliolo. Il figlio, studente fuoricorso di ingegneria, messaggiava compulsivamente, nascondendo il cellulare sotto un lembo della tovaglia. L'avvocato pelato alla mia sinistra iniziò a rubare il mio spazio vitale infilandomi un gomito appuntito dentro l'insalata di mare e, al momento del solito maialino di cinta cotto a bassa temperatura, sconfinava irrimediabilmente nella mia postazione.

Infine, giuro su Monsignor Della Casa, emise un piccolo

rutto indirizzato al candelabro fintoargento al centro della tavola, con il rischio di spegnere le fiammelle delle candele. Se fossi stata un labrador avrei delimitato il mio territorio, come vuole l'istinto, ma mi limitai a riguadagnare con fermezza i centimetri di tovaglia che mi sottraeva l'avvocato. Al tavolo accanto al mio riconobbi un noto assessore alla Cultura che flirtava con la fidanzata di un celebre calciatore, talmente piena di sé da non aver più fame già all'inizio della cena. L'assessore le tirava palline di mollica, ma lei, indifferente a tutto tranne che a se stessa, passò l'intera serata ad avvolgersi intorno all'indice una ciocca di capelli color zafferano e a sbattere le ciglia finte.

Alla fine, decisi che non avrei gettato via tutto quel ben di dio. Avrei scritto un libro, frutto delle mie osservazioni, e avrei considerato quelle tavole imbandite come un ennesimo, privilegiato palcoscenico. Da quella sera ho iniziato a registrare e studiare con attenzione molti comportamenti a tavola, sia in case private sia al ristorante. Ho tirato fuori tutti i testi sacri di galateo e bon ton e quelli sulla comunicazione non verbale: dallo studio incrociato di quei volumi, e soprattutto dall'osservazione sul campo, è nato questo libro. È utile non solo per ripassare un po' di galateo, se pur svecchiato, ma per osservare e capire tutti quegli atteggiamenti correlati alla convivialità e al rapporto con il cibo. Un libro quindi per chi sa che mangiare insieme è un momento privilegiato di conoscenza dell'altro e vuole sfruttare al massimo questa circostanza.

È possibile che siano così rari i commensali educati? E noi italiani, siamo proprio i primi nella classifica dei più maleducati a tavola? Personalmente mi sembra che le tavole del resto del mondo non stiano tanto meglio. Quindi, nessun intento denigratorio, solo un sano sguardo realistico e una conclusione: la conoscenza delle regole del bon ton a tavola di noi italiani è bassissima. Ma il peggio è che la maggior parte considera quest'insieme di regole assolutamente superfluo.

Qual è il mio piattino del pane, quello a destra o quello a sinistra? Posso usare il tovagliolo per soffiarmi il naso se non ho con me un fazzoletto? Come diavolo si mangia questo dessert alto venti centimetri? Perché lui continua a toccarsi la cravatta e mi parla sottovoce? Posso fidarmi a uscire per la seconda volta con un uomo che impiega dodici minuti a scegliere dalla carta e cinquanta secondi per finire il piatto? Perché lei mentre mangia reclina la testa e si tocca l'anello?

Troverete le risposte in questo libro.

2. Dimmi come mangi e ti dirò chi sei

Parliamo di cibo, leggiamo di cibo, sappiamo tanto di cibo, lo guardiamo cucinare, lo compriamo, lo sprechiamo. Viviamo in una società cibocentrica, ma sappiamo goderlo davvero? Forse è come per il sesso: quando se ne parla troppo lo si gode poco. Perché la verità è che al giorno d'oggi pochissimi cucinano davvero; i libri che si vendono di più sono quelli che insegnano a farlo sempre più velocemente e con ingredienti mediocri. Usiamo il cibo per premiare e per sedurre, per mandare messaggi, per punire. Saperlo mangiare è un'altra cosa. Inutile negarlo, noi italiani a tavola siamo maleducati. Il cibo si nutre della ritualità del gesto. E non mi riferisco alla mancanza di nozioni nutrizionali o dietetiche, ma al comportamento in sé, a quella sottile consapevolezza che dovremmo avere di vivere un momento quasi intimo ogni volta che mettiamo qualcosa in bocca davanti a un estraneo.

Per l'antropologo Lévi-Strauss «la cucina è il linguaggio che parlano le culture», è comunicazione.

E questo linguaggio si parla mangiando insieme. La tavola è il luogo che ci smaschera e che ci denuda, nostro malgrado. Ecco il tema di questo libro.

A tavola anche le persone più rigide ed emotivamente controllate tendono ad allentare le difese; si crea una situazione di intimità dove tutto può avvenire e di fatto avviene. Concludere un accordo, sedurre una persona, lasciarla, intraprendere un progetto, saldare un'amicizia, festeggiare un incontro. La tavola è il luogo che sancisce accordi istituzionali e privati, contratti, cerimonie religiose, ma anche quello che riesce a creare una corrente di straordinaria vicinanza e confidenza tra estranei. Mangiare insieme diventa terreno di battaglie e di alleanze, permette il gioco di sguardi e soprattutto ci dà la possibilità di osservare un'altra persona, da vicino e indisturbati, condizione difficile in qualsiasi altra circostanza. In quale altro luogo abbiamo la possibilità di studiare l'oggetto del nostro interesse con tanta naturalezza se non a tavola? Nel momento della convivialità e del «consumare cibo insieme», si mettono sul tavolo valori e credenze comuni. Anche un momento ufficiale diventa suo malgrado intimo e privato, perché il nostro corpo si esprime con autenticità. La mente, distratta dalla ritualità legata al cibo, manda messaggi non filtrati dalle sovrastrutture, poiché a tavola la maggior parte delle difese psicologiche che ci accompagna durante la giornata ci abbandona temporaneamente.

Stare seduti l'uno di fronte all'altro o magari accostati e condividere il cibo fanno sì che i commensali vivano un'esperienza corale.

Le cronache sono ricche di fatti che denunciano la maleducazione imperante nei confronti del prossimo, dell'ambiente, dell'avversario politico, del diverso, dell'anziano, dello straniero.

Maleducazione che si manifesta chiaramente nel comportamento e nel linguaggio, ma ancor più platealmente a tavola. Un attento osservatore dotato di un minimo di perspicacia sarebbe in grado, se non proprio di delineare il profilo psicologico di ciascuno dei commensali, almeno di raccogliere un buon numero di indizi.

Il nostro comportamento a tavola parla per noi, ci rivela, ci smaschera. Come la ricchezza del nostro vocabolario, la proprietà di linguaggio, la padronanza della sintassi manifestano il livello culturale, così il nostro modo di stare a tavola ci racconta, parla per noi. Rende pubblica ogni lacuna, ci esprime, manifesta le nostre radici culturali, la nostra estrazione, il nostro livello di evoluzione, le nostre abitudini familiari e soprattutto la nostra educazione, buona o carente che sia. Con un po' di esercizio si arriva a cogliere l'aggressività che c'è in noi, le abitudini alimentari dei nostri genitori, il tenore di vita e il grado di serenità della nostra infanzia. Non a caso il livello di civiltà e culturale di un popolo si evince soprattutto dal comportamento a tavola.

Lina Sotis, madrina del bon ton italiano, che ha divulgato attraverso i suoi libri, dice: «Al primo sguardo capisci quanti soldi ha una persona; al secondo da quanto tempo»; la frase è perfetta anche in ambito conviviale. Se vuoi sapere tutto di una persona mangia con lei almeno una volta e, volendo spingersi più in là, si potrebbe dire: «È azzardato iniziare una relazione con un uomo senza averci mangiato insieme almeno una volta». La tavola diventa il luogo privilegiato per il denudamento dell'altro, il palcoscenico delle nostre altitudini, ma anche delle nostre bassezze. Come credete che si comporterà un uomo tra le lenzuola dopo che lo avete visto mangiare così velocemente da non assaporare un solo boccone? Come potrà essere attento alle vostre esigenze in futuro se non arriva neppure a versarvi da bere durante una cena? Cosa pensare di una graziosa fanciulla che a tavola mangia come un passerotto e sta tutto il tempo a sbirciare nei tavoli vicini? E ancora, cosa deducete se un vostro candidato tratta con disprezzo il personale di servizio al ristorante? O se il vostro futuro socio in affari casualmente dimentica ogni volta il portafogli al momento di pagare il conto? E che sorpresa se l'amica conosciuta in ascensore e subito invitata a cena quasi per dovere mangia come una regina, vi conquista al primo appuntamento.

Pensate quanti indizi è possibile raccogliere su un partner da quando vi chiama per invitarvi a cena sino al momento in cui vi riaccompagna e arriva l'ora del bacio della buonanotte.

Ecco perché è fondamentale procurarsi gli strumenti per capire. E questi strumenti sono la conoscenza delle regole e il linguaggio del corpo: insieme si potenziano a vicenda.

È proprio questa l'idea forte del libro, riuscire a «leggere» l'istinto, cioè il corpo che parla e nello stesso tempo individuare il galateo, cioè quanto l'ambiente e la cultura hanno depositato, la parte normativa, le leggi. La tavola è proprio questo: il tentativo di convogliare e di far coesistere istinto e legge.

Mangiare insieme con consapevolezza è un'esplorazione affascinante che ci permette di indagare il nostro mondo e quello dei vicini.

Alla fine di questo libro il lettore riuscirà a considerare il proprio commensale con occhi nuovi, non certo come un insetto da vivisezionare, o un soggetto clinico al quale fare una diagnosi, sarebbe troppo facile e riduttivo. Servirà a migliorare la comunicazione senza fraintendimenti approfittando di una situazione favorevole e intima come il mangiare insieme.

Sapere ci assolve dall'imbarazzo di fronte a situazioni critiche. «Leggere» e conoscere meglio i nostri commensali è l'ideale per chi deve confrontarsi su questioni di lavoro, ma ancor più per chi deve scegliersi amici, futuri mariti, mogli e affini. Ma sarebbe utile che anche i colloqui di assunzione si svolgessero direttamente al ristorante. Perché il corpo non mente mai, questo dovete ricordarlo sempre. E un corpo a tavola è più libero di esprimersi che altrove.

Il cibo diventa, ancora una volta, mezzo e non fine. Questo libro dunque sposta l'attenzione dal cosa si mangia al come.

Ma ha ancora senso parlare di galateo?

Ha anche più importanza di un tempo, poiché si moltiplicano le occasioni pubbliche nelle quali si evidenzia la differenza tra classi sociali e regole di educazione. La tavola è uno dei luoghi privilegiati e allo stesso tempo più temibili di «esposizione». Essere educati non costa nulla, e poi è provato che sia gli uomini sia le donne apprezzano nel partner appena conosciuto il rispetto delle buone maniere.

Proprio nel momento delicato che stiamo vivendo è fondamentale stabilire delle regole per noi italiani, conoscerle e adeguarvisi: questo forse è il segreto perché una società civile funzioni al meglio. Probabilmente esiste un'attinenza tra la decadenza morale ed economica di un popolo e la sua maleducazione a tavola e l'eccessivo peso attribuito al cibo, ai banchetti e alla cucina. Ce lo insegna la storia: basti ricordare i complicati convivi dei ricchi romani a base di lingue di fenicottero e spezie costosissime durante la curva discendente del Mondo Classico, che si concluderà con la caduta dell'Impero romano d'Occidente (476 d.C.).

Oggi sarebbe ridicolo imporre delle regole senza significato, ma come si dice: non c'è forma senza sostanza. La maggior parte delle regole del galateo risponde al principio del rispetto dell'altro e al buonsenso. È necessario operare una distinzione. Esistono regole più rigide che, benché denotino il nostro livello di istruzione, non turbano la pace altrui e non ledono i diritti degli altri. Altre che pregiudicano il benessere di chi ci sta intorno offendendolo o limitandone la libertà.

Un esempio. Se parlo con la bocca piena o uso uno stuzzicadenti a venti centimetri dal mio commensale, ovviamente causo un senso di disagio e quindi limito la libertà altrui. Mentre, al contrario, se taglio con il coltello una frittata, cosa che il galateo non prevede, dimostro la mia ignoranza nel campo specifico, ma non disturbo i miei vicini di posto. Qui sta la differenza.

La più celebre maestra di bon ton di casa nostra, oltre che ispiratrice della posta del cuore di tutti i periodici femminili, è stata Colette Rosselli, moglie di Indro Montanelli, che con lo pseudonimo di Donna Letizia ha educato generazioni di lettrici. Il suo *Saper vivere*, uscito nel 1960, è stato a lungo la «bibbia» dei beneducati, tanto da meritare un aggiornamento, nel 1990, *Il nuovo saper vivere di Donna Letizia*, nel quale scriveva: «Molti uomini considerano le buone maniere come un soprabito da indossare al momento di uscir di casa e da appendere all'attaccapanni appena rientrati».

Parole sante. Se qualcuno vi ha realmente regalato questa dote di buona educazione, senza dubbio la porterete con tale spontaneità da usarla dentro e fuori casa.

«La carne dovrebbe essere dura a letto e tenera a tavola». Questa frase di André Prévost introduce alla perfezione la conclusione di questo capitolo. Dopo i primi incontri a due in pubblico, dimenticate tutto quello che è stato detto sin qui in tono formale sulle regole del buon comportamento a tavola. Per la cena romantica e passionale, il segreto è: poco bon ton e tanta passione. Chi è dotato di immaginazione non avrà bisogno di suggerimenti ma, se può servire, ecco le regole della cena a due tra le pareti domestiche. È vivamente consigliato: mangiare con le mani; imboccarsi; cucinare insieme; amarsi in cucina; baciarsi durante il pasto.

«Ho l'innocua mania di dare alle persone a cui voglio bene il soprannome di un cibo. Mio marito Carlo Ponti è sempre stato 'involtino', pietanza che mi piace come poche» dice Sophia Loren. Ecco, allentate le cravatte, abbandonate i bicchieri di cristallo, ogni tanto fatevi un bagno nell'istinto puro e selvaggio e sarà ancora più bello farlo con la compagna o il compagno di sempre. Parlate con la bocca piena, mugolate e date nomignoli rubati al lessico dei ricettari, sono tanto apprezzabili in privato quanto insopportabili in pubblico.

Alessandra Graziottin, medico ed esperta in sessuologia, lo consiglia vivamente: «Questa società sta diventando frigida. Il sesso si fa virtuale, il cibo diventa fiction: tutta scena. Basti pensare ai nomi stupendi che tanti ristoranti coniano per cibi che poi risultano insipidi, o alla cura maniacale che si mette nella preparazione della tavola: in fondo tradisce un rapporto cerebrale con il piacere. Io, alle pazienti con problemi sessuali, prescrivo anche di mangiare con le mani. Se gusti la vita gusti anche il cibo».

Imboccate, sporcatevi, trangugiate, centellinate, sbrodolatevi, mordicchiate: insomma, nell'intimità trasgredite anche le regole del buon comportamento a tavola. Proprio quelle che sono elencate in questo libro.

3. Il *Galateo* e Monsignor Della Casa. Le regole sempreverdi di comportamento

«L'eleganza del comportamento è conseguenza di un sereno dominio delle inclinazioni naturali» afferma Della Casa, ancor oggi considerato, nel mondo, il cavaliere delle buone maniere, l'antesignano dei cerimoniali, il predecessore di Lina Sotis e di Inès de la Fressange.

Pur essendo noi suoi estimatori, per la straordinaria acutezza nel descrivere i cattivi comportamenti dei suoi contemporanei, è bene capire chi fosse realmente questo signore che ancora oggi è menzionato per il suo *Galateo*, sebbene dubiti che la metà delle persone che lo cita lo abbia letto realmente. Lo resuscito per dimostrare la sua straordinaria modernità.

Giovanni Della Casa da Pandolfo nasce nel Mugello, studia a Bologna e a Firenze materie letterarie per poi dedicarsi alla lettura dei classici latini. Scrive componimenti considerati all'epoca licenziosi ma, nel 1532, intraprende a Roma la carriera ecclesiastica, diventando prima arcivescovo a Benevento e poi nunzio apostolico a Venezia, dove si occupa con zelo di preparare alcuni famosi processi dell'Inquisizione. Diviene amico di illustri personaggi, quali il cardinale Alessandro Farnese, che verrà eletto papa col nome di Paolo III, e prende gli ordini minori. In questa occasione, fa pubblico pentimento per la vita libertina condotta in gioventù e, non contento, lavora alla composizione di un trattatello misogino in latino ciceroniano. Negli anni successivi si dedica con impegno ai suoi compiti di esattore e di tesoriere pontificio utilizzando anche metodi ferrei per recuperare denaro. Verso il 1540, ritiratosi nell'abbazia di Nervosa, sulle pendici della marca trevigiana, si dedica alla scrittura del *Galateo*. Il titolo del libro è ispirato dall'amico Galeazzo (in latino *Galatheus*) Florimonte, «a petizion del quale e per suo consiglio presi io da prima a dettar questo presente trattato» (*Il Galateo*, cap. IV).

Chiariamo subito che questo testo non è il punto di riferimento assoluto, semplicemente ci permette di notare come gli esseri umani tendano nei secoli a perseverare nei difetti conviviali. E mi sembra divertente riportarne qualche stralcio, a testimonianza del fatto che le cattive abitudini non si sradicano neppure in quattro secoli. A metà del Cinquecento Della Casa metteva alla berlina gran parte delle odierne cattive abitudini degli italiani. E, se è vero che il comportamento a tavola evidenzia il grado di evoluzione di un popolo, le conclusioni sono facili da trarre. Tuttavia il termine «galateo» richiama qualcosa di repressivo. Della Casa era alquanto prescrittivo, basti pensare al «sereno dominio delle inclinazioni naturali», dove per inclinazioni si intendono tutti quei sani istinti che non vogliamo affatto reprimere, bensì incanalare nella giusta direzione. Meglio essere chiari: conoscere le regole senza operare un controllo eccessivo, per poterle trasgredire quando le circostanze lo permettono. Ribadisco il mio primo comandamento: conoscere il galateo per praticarlo in pubblico e trasgredirlo in privato (e non mi riferisco di certo alle cene in famiglia!).

Nel primo capitolo, per esempio, è chiara la premessa; potrebbe anche essere una delle ragioni di questo libro: «Niuno può dubitare che a chiunque si dispone di vivere non per le solitudini o ne' romitorii, ma nelle città e tra gli uomini, non sia utilissima cosa il sapere essere ne' suoi costumi e nelle sue maniere gratioso e piacevole».

Che sarebbe come dire: è ovvio che, per chi vuole vivere all'interno di un gruppo con altri esseri umani e non come eremita in clausura, è fondamentale comportarsi in maniera educata e rispettosa.

Ma, ancora oggi, non è così ovvio.

«Dèi sapere che a te convien temperare et ordinare i tuoi modi non secondo il tuo arbitrio, ma secondo il piacer di coloro co' quali tu usi, et a quello indirizzargli; perché chi di piacere o di dispiacere altrui non si dà alcun pensiero è zotico e scostumato e disavenente». Ancora un accenno alle regole da rispettare, se non lo si fa si rischia di prendersi, giustamente, dello «zotico», entusiasmante aggettivo da ripristinare.

«Perciò che non solamente non sono da fare in presenza degli uomini le cose laide o fetide o schife o stomachevoli, ma il nominarle anco si disdice; e non pure il farle et il ricordarle dispiace. E perciò sconcio costume è quello di alcuni che in palese si pongono le mani in qual parte del corpo vien lor voglia.

«Sono ancora di quelli che, tossendo e starnutendo, fanno sì fatto lo strepito che assordano altrui; e di quelli che, in simili atti, poco discretamente usandoli, spruzzano nel viso a' circonstanti; e truovasi anco tale che, sbadigliando, urla o ragghia come asino; e tale con la bocca tuttavia aperta vuol pur dire e seguitare suo ragionamento e manda fuori quella voce (o più tosto quel romore) che fa il mutolo quando egli si sforza di favellare. Anzi dèe l'uomo costumato astenersi dal molto sbadigliare». Musica per le mie orecchie. Ecco un elenco puntuale ed efficace di cose da evitare a tavola e non. E quanti se ne vedono, nei locali, che «assordano» e «ragghiano come asini» al cellulare.

Ma state seduti, non è finita: «Non si vuole anco, soffiato che tu ti sarai il naso, aprire il moccichino e guatarvi entro, come se perle o rubini ti dovessero esser discesi dal cielabro, che sono stomachevoli modi et atti a fare, non che altri ci ami, ma che se alcuno ci amasse, si dis[inn]amori». Trovo questa descrizione davvero esilarante e non ditemi, psicanalisi a parte, che non abiti gli esseri umani un'insana propensione a osservare ciò che esce dal proprio corpo.

E non è finita qui: «Talora a guisa di porci col grifo nella broda tutti abbandonati non levar mai alto il viso e mai non rimuover gli occhi, e molto meno le mani, dalle vivande. E con ambedue le gote gonfiate, come se essi sonassero la tromba o soffiassero nel fuoco, non mangiare, ma trangugiare: i quali, imbrattandosi le mani poco meno che fino al gomito, conciano in guisa le tovagliuole che le pezze degli agiamenti sono più nette? Con le quai tovagliuole anco molto spesso non si vergognano di rasciugare il sudore che, per lo affrettarsi e per lo soverchio mangiare, gocciola e cade loro dalla fronte e dal viso e d'intorno al collo, et anco di nettarsi con esse il naso, quando voglia loro ne viene?» Ebbene, è diffuso vedere in cene formali (di norma, dopo la terza portata) chi trangugia con «il grifo nella broda» e si soffia il naso nel tovagliolo. Mi direte: «Scusa, ma tu chi frequenti, con chi mangi per vedere tali spettacoli?» I miei commensali rappresentano la più varia umanità: giornalisti, scrittori, imprenditori, fanciulle in attesa del ballo delle debuttanti, tronfi dirigenti, signore ingioiellate e gli amici di mio figlio adolescente. Ma vi posso assicurare che mi è capitato spesso di registrare comportamenti simili anche intorno a tavole titolate.

«Quando si favella con alcuno, non se gli dèe l'uomo avicinare sì che se gli aliti nel viso, perciò che molti troverai che non amano di sentire il fiato altrui, quantunque cattivo odore non ne venisse». Solo per questa annotazione Monsignor Della Casa si merita un encomio: è una sorta di anticipazione di tutte le teorie sul linguaggio del corpo e della distanza di sicurezza teorizzate centinaia di anni dopo da Desmond Morris in avanti.

E questo principio, lo leggete voi a signori e signore settantenni seduti al tavolo vestiti come i loro figli trentenni? «Ben vestito dèe andar ciascuno, secondo sua conditione e secondo sua età».

Al delicatissimo tema della conversazione a tavola, al quale dedico un capitolo, il nostro Monsignore dà il suo onorevole contributo: «Nel favellare si pecca in molti e varii modi, e primieramente nella materia che si propone, la quale non vuole essere frivola né vile, perciò che gli uditori non vi badano e perciò non ne hanno diletto, anzi scherniscono i ragionamenti et il ragionatore insieme. Non si dèe anco pigliar tema molto sottile né troppo isquisito, perciò che con fatica s'intende dai più».

Adeguare toni e argomenti ai commensali, ma chi lo fa, oggi?

«Vuolsi diligentemente guardare di far la proposta tale che niuno della brigata ne arrossisca o ne riceva onta». Ed ecco che compare il primo comandamento del bon ton: non mettere a disagio mai, per nessun motivo, i propri commensali e ospiti.

«Né a tavola si raccontino istorie maninconose, né di piaghe né di malattie né di morti o di pestilentie, né di altra dolorosa materia». L'autore è riuscito a racchiudere in poche righe, pur mettendo in evidenza il suo carattere vessatorio, tutta la letteratura sulla conversazione a tavola.

Pensate che si sia dimenticato di quelli che a tavola raccontano della moglie o dei pannolini dei figli? No, affatto. «Errano parimente coloro che altro non hanno in bocca già mai che i loro bambini e la donna e la balia loro. Il fanciullo mio mi fece ieri sera tanto ridere!» Udite... E ce n'è anche per quelli noiosissimi che raccontano i loro sogni: «Male fanno ancora quelli che tratto tratto si pongono a recitare i sogni loro con tanta affettione e facendone sì gran maraviglia che è un isfinimento di cuore a sentirli».

«Non istà bene grattarsi sedendo a tavola. Non istà medesimamente bene a fregarsi i denti con la tovagliuola e meno col dito, che sono atti difformi; né risciacquarsi la bocca e sputare il vino sta bene in palese; né in levandosi da tavola portar lo stecco a guisa d'uccello che faccia suo nido, o sopra l'orecchia come barbieri, è gentil costume. E chi porta legato al collo lo stuzzicadenti erra sanza fallo, ché, oltra che quello è uno strano arnese a veder trar di seno a un gentiluomo». Meravigliosa spiegazione per cui è maleducato usare lo stuzzicadenti. Oggi non lo portiamo più al collo, ma non è improbabile vederlo comparire sulle tavole pubbliche e private.

«Lo invitare a bere (la qual usanza, sì come non nostra, noi nominiamo con vocabolo forestiero, cioè 'far brindisi') è verso di sé biasimevole e nelle nostre contrade non è ancora venuto in uso, sì che egli non si dèe fare; e, se altri invitarà te, potrai agevolmente non accettar lo 'nvito e dire che tu ti arrendi per vinto, ringratiandolo, o pure assaggiando il vino per cortesia, sanza altramente bere». Ecco che compare la regola che sconsiglia il brindisi con il tintinnio di bicchieri.

Abbiamo visto un piccolo squarcio sui difetti degli italiani a tavola ieri. Oggi, sta a voi decidere se intorno a voi sono ancora diffusi.

Un altro autore che si occupa dell'argomento è Baldesar Castiglione, con il suo celebre *Il Cortegiano*. A lui rubiamo la grande lezione del saper far uso del motteggio nella conversazione e usar in ogni cosa una certa «sprezzatura», termine poi mutuato dalla musica, dalla letteratura e ripreso da Leopardi nello *Zibaldone*. Il trucco è che il perfetto commensale e conversatore «nasconda l'arte e dimostri ciò, che si fa e dice, venir fatto senza fatica e quasi senza pensarvi... Da questo credo io che derivi assai la grazia: perché delle cose rare e ben fatte ognun sa la difficultà, onde in esse la facilità genera grandissima maraviglia».

Si tratta della spigliatezza e del sano distacco con cui ciascuno nasconderà la propria arte e il proprio talento come se non ci si fosse applicato affatto. Insomma: «Sii intelligente, non esserlo per niente» dice l'amico arguto Aldo Busi nei panni di Zsa Zsa Gabor alle signore con un QI troppo alto. Nel caso specifico, la «sprezzatura» si spiega con quell'adorabile disinvoltura con la quale un anfitrione aprirà la porta agli ospiti sorridendo, senza mostrare di essere distrutto per aver organizzato la cena e una serata perfetta.

Possedere il *decorum*, altro termine desueto che mi piace resuscitare. «Noi dobbiamo prendere per guida la natura ed evitare tutto ciò che può offendere gli orecchi: lo stare in piedi e il camminare, il modo di star a tavola, il volto, lo sguardo, il gesto conservino il più dignitoso decoro» dice Cicerone nel *De Officiis*. Ancora Baldesar Castiglione aiuta a concludere il capitolo con una saggia riflessione, utile al vero «cortegiano» del nuovo millennio: «E non meritano perdono coloro cui le sopra dette cose paiano di picciolo momento, perciò che anco le leggieri percosse, se elle sono molte, sogliono uccidere». Deliziosa similitudine sul tentativo di minimizzare le regole di buon comportamento a tavola da parte di alcuni: un commensale maleducato può «uccidere» definitivamente il nostro giudizio sulla sua persona.

4. Invitare ed essere invitati

A casa. L'invito: carta, telefono o e-mail? Cosa porto?

L'invito più bello in letteratura è sicuramente quello della *Versione di Barney*, quando lo scoppiettante protagonista (alias Mordecai Richler), durante il proprio ricevimento di nozze al Ritz (il secondo), rimane fulminato dalla bellissima Miriam. Un po' alticcio l'avvicina e, dopo averle domandato il suo numero di scarpe, le chiede: «Ho in tasca due biglietti per Parigi. Il volo di domani. Parta con me».

E lei, caustica: «D'accordo. Passiamo prima a fare un salutino a sua moglie?»

Chi non possiede il superbo *sense of humour* ebraico è obbligato a usare mezzi più ordinari, ma questo rimane per me l'invito per eccellenza.

Un'amica che si ostinava a organizzare party noiosissimi, dopo aver ricevuto decine di «Mi dispiace, ma non posso», si fece furba e, appena alzato il telefono, imparò a dire: «Sei libero il 31 marzo?» Non cadete nel tranello: se vi pongono questa domanda, almeno cercate di capire il tipo di invito prima di dire di sì. Prendete tempo e rispondete che dovete consultare l'agenda.

Altra usanza malauguratamente diffusa è quella di chiedere: «Chi viene?» Ovviamente non si fa, perché implicitamente stiamo dicendo alla padrona di casa: «Se non c'è nessuno di interessante non vengo».

Altra pessima abitudine è tergiversare al momento dell'invito e rispondere vagamente: «Devo controllare, chi lo sa, forse, vedremo». L'invito si accetta o non si accetta e, se capita un contrattempo e non si può rispettare la promessa della propria presenza, ci si deve scusare immediatamente.

Inutile ribadire che è davvero maleducato non presentarsi. Così come fare inviti in pubblico senza coinvolgere tutti i presenti. È davvero sgradevole assistere alla domanda: «Vieni alla mia festa sabato sera?» e anche l'interrogato si guarda intorno imbarazzato.

Se si incontra una persona interessante, la prima cosa per cercare di conoscerla meglio è invitarla a mangiare qualcosa insieme, sia che gli obiettivi rivestano un ruolo seduttivo, sia umano, sia professionale. Lo fanno gli uomini, ma sempre di più anche le donne: l'invito a voce è quello più diretto e spontaneo, ma l'invito scritto mantiene il suo fascino.

L'esperienza conviviale può essere anche solo la condivisione di un caffè o di un semplice piatto, ma l'idea di sedersi allo stesso tavolo crea una piccola e nuova complicità. Molte decisioni importanti della nostra vita (e anche dell'intera umanità) sono state prese a tavola, che, come è stato detto, diventa un palcoscenico privilegiato per conoscere, indagare, scrutare e manifestare il proprio io e osservare quello degli altri. Invitare a casa propria qualcuno implica un minimo di confidenza e dimostra una grande generosità: è come accettare di esporsi al giudizio dei propri ospiti.

In passato, l'invito a cena o al ristorante avveniva solo per iscritto e questo rimane sempre un buon mezzo se si vuole dare particolare enfasi o una sorta di ufficialità all'occasione.

Prima di pensare a un invito, memorizzate questa piccola regola: l'importanza di un invito è inversamente proporzionale al tempo che anticipa la data. Ovvero, più la ricorrenza è importante dal punto di vista emotivo o istituzionale, prima deve arrivare l'invito.

C'è ovviamente il buonsenso che detta otto giorni come lasso di tempo minimo per avvisare un ospite. Se l'invito avviene molto vicino alla data, non stupitevi se qualcuno sospetta di fare da «tappabuchi». In questi casi, la cosa migliore è essere sinceri. Meglio dire: «Scusa, Giorgio, ti chiamo per un'emergenza: mi serve un cavaliere per stasera».

Può essere fatto a voce o per iscritto, e oggi gli inviti vengono spesso inviati via e-mail o addirittura via fax, ma questa lo lascerei come ultima possibilità: troppo fredda e impersonale.

In realtà oggi gli inviti possono lasciare spazio a più strumenti incrociati; un biglietto o un'e-mail con largo anticipo, poi una telefonata o un sms se si è in confidenza in prossimità della data, per confermare.

L'invito scritto può essere fatto su un cartoncino stampato, e deve riportare con chiarezza le informazioni base. Potrà sembrare un'inutile puntualizzazione, ma capita a volte di leggere comunicati di eventi in cui non viene specificata la città, o chi invita o più spesso non viene chiarito il tipo o lo scopo dell'evento cui si è invitati (cena di gala, di beneficenza, in onore di... e così via).

- Chi invita (i nomi dei padroni di casa).
- L'ora.
- La data e luogo dell'evento.
- Il tipo di evento.
- L'indirizzo dell'evento.
- L'indirizzo o fax cui rispondere.
- La dicitura RSVP quando è richiesta una risposta.

RSVP è una piccola sigla posta in fondo a sinistra della pagina e significa: *Répondez s'il vous plaît*. Siamo talmente abituati a vederla che quasi la scambiamo per un piccolo fregio. Invece è un invito dentro l'invito. L'invito a rispondere; farlo esprime rispetto nei confronti dell'organizzazione.

Agli inviti bisogna rispondere. Sempre. Sia che si accetti sia che non si possa partecipare. E in questo caso è utile fornire una spiegazione se pur vaga. «Non posso venire per un impegno precedente» è sempre una buona motivazione, che sia vero o no.

È inammissibile non presentarsi a un evento al quale abbiamo dato adesione, se non per gravi motivi. Nessuna scusa sarà accettabile se avete dato buca a una signora. In questo caso vi conviene imparare a memoria la famosa *excusatio* che John Belushi recita nel film *Blues Brothers* davanti alla fidanzata dopo averla abbandonata all'altare.

«Ero... rimasto senza benzina. Avevo una gomma a terra. Non avevo i soldi per prendere il taxi. La tintoria non mi aveva portato il tight. C'era il funerale di mia madre! Era crollata la casa! C'è stato un terremoto! Una tremenda inondazione! Le cavallette! Non è stata colpa mia!»

IL TOCCO DI CLASSE

Se dovete rinunciare a un invito all'ultimo minuto, scrivete un biglietto di scuse e fatelo recapitare alla padrona di casa dal fiorista insieme a un piccolo bouquet (una pianta nel caso di un uomo). Assolutamente consigliato anche nel caso si tratti di una donna che avete invitato a cena.

Per e-mail, per telefono o via posta, ecco quello che c'è da sapere sull'invito:

- Deve arrivare almeno una settimana prima.
- Più l'evento è importante, maggiore dev'essere l'anticipo.
- Non chiedete a chi vi invita per telefono: «Chi c'è?»
- Gli inviti si ricambiano entro due mesi al massimo.
- Non si continua a promettere un invito senza mantenere l'impegno.

COSA PORTO?

Ogni ragionamento su cosa portare quando si viene invitati non può prescindere da un postulato: si porta sempre un piccolo regalo a chi ci invita. Questa è una delle abitudini più antiche dell'uomo; anche in tempo di miseria l'ospite portava con sé un segno di riconoscenza.

Portare dei fiori ingombranti quando ci si presenta è un problema, perché distrae la padrona di casa impegnata ad accogliere gli ospiti, quindi meglio far recapitare il giorno stesso o il giorno dopo un mazzo di fiori recisi (una pianta se è un uomo).

Oggi è in voga l'idea di donare verdura o frutta del proprio orto, oppure dolci o confetture fatti con le proprie mani. In questo caso, per evitare spiacevoli sorprese, è opportuno provvedere a pulire e confezionare gli alimenti prima di consegnarli.

Cose da sapere e ricordare sul tema: cosa porto?

- Mai presentarsi a mani vuote.
- Non fare regali impegnativi per non creare imbarazzo.
- Non regalare oggetti per la casa.
- Per un anniversario è ammesso il regalo collettivo, accordandosi con altri ospiti.
- Ammessi libri e dischi (se si conoscono i padroni di casa).
- Sì alla scatola di cioccolatini.
- No a dolci che devono essere consumati subito, a meno che non sia una richiesta specifica.

- Sì a bottiglie di vino (due perché una potrebbe sapere di tappo).
- I padroni di casa devono condividere i regali con gli ospiti, a meno che il menu e gli abbinamenti con i vini non siano già stati programmati con precisione.

Una precisazione per i vini. Proprio perché i padroni di casa dovrebbero offrire ciò che è stato portato, è preferibile portare una bottiglia di «bollicine» oppure un vino da dessert o un liquore: vini che non interferiscono sugli abbinamenti programmati per la cena.

La regola è non portare cibo che deve essere consumato durante la cena, a meno che non vi sia richiesto dall'anfitrione. La cosa migliore è informarsi su quali siano i gusti e le passioni della padrona di casa: un libro, un oggetto da collezione, il profumo preferito. Più indagherete discretamente, più sarete ricompensati dallo sguardo sorpreso di chi lo riceverà.

IL TOCCO DI CLASSE

Il biglietto d'invito più bello è di cartoncino pesante, scritto a mano (almeno il nome dell'invitato) con una stilografica. Arriva con largo anticipo e fa sentire speciale chi lo riceve.

ORARI E TEMPI

La prima regola di chi invita è cercare di far sentire a proprio agio gli ospiti. Fate in modo che, quando arrivano, non vi debbano trovare scarmigliati e tesi per l'arrosto bruciato o perché non avete finito di apparecchiare. L'ideale sarebbe che, entrando in casa, vi ritrovassero rilassati, in ordine e soprattutto sorridenti.

Se gli ospiti arrivano in anticipo e voi non siete pronti,

organizzatevi. Programmate una bottiglia in fresco e qualche tartina sul tavolo in salotto, un po' di buona musica (con il vecchio Frank si va sempre sul sicuro) e, se non avete qualcuno che può restare con gli ospiti, dite semplicemente: «Rilassatevi, arrivo subito».

Una volta un amico arrivò con imperdonabile ritardo a casa di un avvocato gourmet che aveva previsto nel menu un risotto e, benché alla fine il piatto fosse risultato buono, il padrone di casa non gli perdonò mai quell'affronto: fu la fine di un'amicizia.

È necessario qui chiarire un concetto fondamentale: la prima mancanza di educazione e bon ton consiste nel sottolineare una mancanza di chi ci sta vicino. Non drammatizzate.

Con un po' di *sense of humour* e garbo, è possibile evitare ogni imbarazzo, che in fondo è l'obiettivo primario di chi si trova a tavola.

Non organizzate una cena la sera troppo tardi se non volete che gli ospiti sbadiglino, e neppure fate come una coppia di amici tedeschi che alle undici, a qualsiasi punto sia la cena, si alzano all'improvviso dicendo: «Si è fatto davvero tardi, io sto morendo dal sonno cara, e anche tu, vero?»

Se è seccante vedersi arrivare in casa ospiti mentre siamo in accappatoio, è altresì rovinoso per la serata accumulare un ritardo maggiore di un quarto d'ora. In ogni caso avvertite con una telefonata, sempre.

INVITO A CENA, QUALCHE MEMO PER LUI

- Non la invita a cena alle sei di sera: troppo tardi.
- Va a prendere la donna, o le donne, o almeno si offre di farlo.
- Chiede alla donna se ha un ristorante preferito.
- Tendenzialmente paga il conto.

PER LEI

- Non si fa attendere per più di dieci minuti.
- Non sceglie ristoranti troppo costosi.
- Non tira bidoni cambiando idea all'ultimo minuto.
- Non fa i capricci nel caso lui non possa andare a prenderla.

ANIMALI DA TAVOLA

Seguono alcune tipologie di padroni di casa. Vediamo se vi riconoscete; l'identikit serve più che altro a obbligarci a un esame di coscienza, tanto per capire quanto riusciamo a essere insopportabili.

Ho giocato sul duplice significato del termine ospite, che indica sia l'anfitrione sia chi è invitato.

L'ospite ansioso e ansiogeno. Già dal momento in cui apre la porta vi mette ansia: spesso è scarmigliato/a e sconvolto/a dalla fatica e, nel peggiore dei casi, potrebbe cominciare subito a raccontarvi la sua giornata frenetica.

Si scusa per il disordine, per il pane che non è fresco, per i bicchieri del servizio che non sono otto, per l'arrosto senza rosmarino, per il vino che sa di tappo, per il disordine…

A tavola ha bisogno continuamente di conferme: è buono? È salato? È insipido? È troppo crudo o forse è un po' troppo cotto? Altre frasi che potrebbe pronunciare: in questa stanza fa troppo caldo/freddo; abbasso/alzo il riscaldamento/l'aria condizionata; apro la finestra.

Vuole essere rassicurato, sempre e comunque, quindi fatelo spesso prima, durante e dopo i pasti.

Anche l'invitato, se appartiene a questa categoria, arriva trafelato, oppure entra timidamente e non osa consegnarvi la bottiglia o il libro che vi ha portato in regalo. «Ma sicuramente lo hai già letto, se vuoi si può cambiare». Poi si fa prendere dall'ansia perché dice di non conoscere nessuno, ma volendo fare conversazione entra continuamente in cucina a chiedervi consigli e ragguagli sugli altri ospiti ingarbugliando i tempi di cottura del vostro soufflé.

L'anfitrione negativo con tendenze paranoiche. Riesce a fare fiasco in ogni iniziativa o meglio, vittima del «pensiero negativo», fa inconsciamente in modo di fallire. A volte è convinto di avere poteri speciali, come intuire gli eventi prima che avvengano, o di leggere i pensieri degli altri. Crede di poter esercitare un controllo magico sugli esseri umani.

Fondamentalmente è negativo e disorganizzato. Non è come l'ansioso, il quale teme che la serata vada storta: l'anfitrione negativo la fa andare storta davvero. È superstizioso, salta sul tavolo se cade il sale e inizia a recitare mantra contro la sventura.

Non è escluso che a metà del polpettone inizi a raccontarvi dettagli angoscianti della propria vita sentimental-sessuale-bancaria. Attenzione: potrebbe essere tutto falso, è troppo diffidente per aprirsi veramente agli altri.

Alterna intervalli di completo mutismo a momenti di logorrea, in genere dopo un bicchiere di Brunello. Può cambiare completamente umore, anche più volte in una serata.

L'invitato con leggera tendenza paranoica sospetta che gli altri invitati, se si appartano o abbassano la voce, parlino di lui ed è circospetto anche nei confronti del cibo.

La coppia scoppiata. Non c'è nulla di peggio che capitare a cena una sera in cui i padroni di casa hanno litigato o sono in crisi o stanno per separarsi e, nonostante questo, si ostinano a organizzare cene e inviti. Oppure decidono di uscire lo stesso in coppia. Lo fanno o come estremo tentativo per salvare il matrimonio, o perché hanno bisogno di un pubblico. Davvero imbarazzante. Ciascuno dei due ha un solo obiettivo per tutta la cena: ricoprire di frecciatine malefiche il partner approfittando della presenza di estranei per rinfacciare tutto il rinfacciabile. Una volta, alla fine della serata, l'uscita del marito «Potresti alzare quel sederone cellulitico e andare a prendere una bottiglia di vino, per cortesia, visto che non hai fatto un cavolo per tutta la sera?» ha fatto capire a noi ospiti che forse era meglio togliere il disturbo.

La maggior parte delle volte i rimproveri lasciano completamente indifferente il diretto interessato, ma mettono in seria difficoltà gli ospiti. I peggiori sono quelli che vi obbligano a prendere posizione. Davanti a un «Diglielo tu, se non ho ragione?» oppure un «Secondo te? Avanti, di' quello che pensi!» è meglio svignarsela. In questi casi l'unica cosa saggia è rispondere con un diplomatico: «Scusate, ma si è fatto tardi» e battere in ritirata.

La coppia pomiciona. A pensarci bene, non so se sia più intollerabile la coppia scoppiata o la coppia pomiciona. Li riconoscete quasi subito, perché arrivano tenendosi per mano. Badate, descrivendovi questa tipologia di coppia non sto affatto pensando a due studenti, o a una coppia fresca di luna di miele, no, i fidanzatini in questione possono essere anche due settantenni che si sono appena conosciuti, anzi è proprio a loro che mi sono ispirata, avendone incontrato recentemente un paio di esemplari. Sembrano isolati dal mondo, a tavola vi passano il sale continuando a fissarsi negli occhi, si estraniano dalle conversazioni, si tengono per mano sotto il tavolo, ma senza particolare passione. Si chiamano tra di loro con nomignoli nauseabondi e, se intervengono attivamente alla serata, parlano continuamente di come si sono innamorati, della loro canzone preferita e dei loro progetti futuri. Una variante della coppia pomiciona è la coppia in attesa; in questo caso, l'argomento principale sarà ovviamente il nascituro e il corso di preparazione al parto, l'ultima ecografia oppure le sopraggiunte intolleranze alimentari di lei.

La coppia in odore di santità. Sia in veste di ospite sia di anfitrione la coppia in odore di santità, appena seduta a tavola, dedica qualche minuto di preghiera a ringraziare il Signore, poi la cena prenderà l'avvio sul tono pacato, tranquillo e fintamente pacifico dei padroni di casa. Gli argomenti di conversazione saranno opportunamente selezionati, nulla che possa turbare le coscienze. Ecco, la persona più vicina a questa tipologia, anzi il personaggio perfetto per farvi capire a chi sto pensando, è Ned Flanders, il vicino devoto di Homer Simpson, quello che lui definisce «più santo di Gesù».

Ovviamente non si fanno inviti il venerdì e, se capita, niente carne per rispettare il giorno di magro mentre, la domenica, l'invito a pranzo potrebbe comprendere anche la partecipazione alla Santa Messa. I figli della coppia in questione si alzano a sparecchiare, poi vanno a letto da soli: dei veri mostri.

L'anfitrione ipermaterno. Il padrone di casa ipermaterno o iperpaterno inizia ad accudirvi non appena entrate in casa assillandovi di domande e ha un unico scopo per tutta la sera: occuparsi di voi rimpinzandovi di cibo.

«Non ti piace la carne di agnello? Oh, ma non ti preoccupare, ho in freezer una bistecca di manzo, oppure un branzino o preferisci un pezzo di gallina?» Dopo cena vi fa sedere sul divano, vi mette addosso una copertina e vi toglie le scarpe, e guai a voi se osate protestare.

La sua preoccupazione principale è che ve ne andiate da casa sua senza sentirvi sazi e così vi ingozza di cibo, di oggetti, di parole e possibilmente anche di qualche «schiscetta» per il viaggio, nel caso abbiate ancora un languorino.

Si preoccupa per la vostra salute fisica e morale e in genere utilizza, in pieno stile materno, il ricatto come modalità relazionale: «Se non torni entro una settimana, potrebbe venirmi quell'eritema di origine psicosomatica», «Se non finisci le lasagne le getterò tutte nella spazzatura: è davvero un peccato».

E, prima di congedarvi, un «Trovati un/una fidanzato/a, è ora che tu metta la testa a posto» non ve lo toglie nessuno.

L'ospite oculato, ossia taccagno. Se siete riusciti a farvi invitare da un autentico taccagno siete bravissimi. Lui non ha mai con sé il portafogli, come un mio amico di Torino, gira sempre con una banconota da cento euro in tasca evitando così le piccole spese come offrire aperitivi, caffè o pagare il taxi. Al ristorante vuole sempre fare alla romana, segnandosi le sue portate. Se viene invitato difficilmente porta qualcosa, ma se lo fa probabilmente è un regalo riciclato: occhio alla scadenza. Però dopo il vostro ennesimo invito decide di ricambiare: state pronti. Non c'è nulla che non va, se non nelle porzioni e nella qualità degli ingredienti: porzioni ridotte e ingredienti scadenti. Ma quello che denuncia irrevocabilmente l'anfitrione tirchio è la scelta del vino: se volete bere decentemente conviene che ve lo portiate da casa.

Presentazione e distribuzione dei posti: dove mi siedo?

Penso ai grandi pranzi della letteratura, alla sontuosa cena della vigilia di Natale di Bergman in *Fanny e Alexander*, ai pranzi descritti da Jane Austen in *Orgoglio e pregiudizio*, al banchetto del *Gattopardo*: cosa sarebbe accaduto ai nostri protagonisti se non si fossero seduti proprio su quella sedia? Che ne sarebbe stato degli sguardi, dei sussurri all'orecchio della persona accanto, dei silenzi loquaci, se gli invitati avessero avuto vicino un commensale diverso? In passato, la disposizione degli ospiti occupava molto tempo, mentre oggi è un po' trascurata nelle riunioni familiari. Nelle cerimonie ufficiali dove è necessario seguire il protocollo è fondamentale.

Dopo aver letto queste pagine forse guarderete con più attenzione anche alla scelta che ciascun ospite farà istintivamente al momento di sedersi a tavola. Per esempio, avete mai visto un ospite timido e riservato dirigersi senza indugio al simbolico capotavola? Difficile, e questo perché il posto che un individuo sceglie in fondo rispecchia un po' come si sente nella vita. Le rare volte che in carcere si tengono pranzi a celle aperte, in lunghe tavolate nei corridoi, ciascun detenuto sa che sbagliare sedia, quindi non rispettare le gerarchie, può costare una dura punizione. Ancora una volta la regia è del padrone di casa.

Nel Medioevo, durante i convivi, lo status sociale di una famiglia veniva indicato dalla vicinanza al feudatario. Si racconta che all'inizio del XVIII secolo, per accedere alla tavola di Luigi XIV, ci fosse qualcuno disposto a versare una fortuna.

In molti paesi del bacino del Mediterraneo, tra cui l'Italia, la disparità dei sessi è testimoniata anche dal fatto che, in passato, il posto a tavola della donna non era neppure contemplato: serviva il marito e i figli e mangiava dopo, da sola, rassettando la cucina.

Fino al secondo dopoguerra (ma ancora oggi), in qualunque classe sociale, nessun ragazzo si sarebbe sognato di sedersi al posto del capofamiglia.

In Francia, racconta l'amica Véronique, nelle famiglie

borghesi fuori Parigi è costume che la donna, dopo aver cucinato, si sieda e non si alzi più. A servire il pasto e a riordinare pensano i figli. Mai vista una simile abitudine in Italia, dove ancora è raro vedere un figlio maschio alzarsi da tavola o sparecchiare. Mamme, pensate a quale ruolo fondamentale rivestiamo nel gettare le basi del rispetto di ruoli ancora ritenuti esclusivamente femminili.

Se riflettete qualche secondo sugli incontri più significativi della vostra vita, vi accorgerete che molti sono nati, o si sono sviluppati, per una vicinanza conviviale voluta dal destino. Avete mai pensato a come sarebbe stata diversa la vostra vita se in quella cena, in quel pranzo di nozze, in quella festa di compleanno vi foste seduti altrove?

Fare più attenzione alla disposizione dei posti significa avere più chance di passare una bella serata. Pensarci prima non solo solleva dall'imbarazzo gli ospiti, ma ci consente di gestire meglio la serata, permettendo a chi conosce le regole del galateo di giudicarvi una buona padrona di casa.

Le regole non sono moltissime ed è inutile confondersi le idee con mille eccezioni e varianti: cominciate a ricordare le prime due. I posti migliori sono ai due lati della tavola e sono destinati ai padroni di casa. Nelle tavole rotonde i due anfitrioni siedono l'uno di fronte all'altro.

Le persone più importanti o più anziane siedono alla destra dei padroni di casa. Il problema, a questo punto, sta solo nello stabilire chi è più importante. Ovviamente ci rimettiamo alla sensibilità di chi invita, ma sia chiaro che gli ospiti più importanti sono quelli più influenti. A parità di posizione sociale conta l'età. Come abbiamo detto, i padroni di casa siedono ciascuno a capotavola; quindi a destra dell'uomo si siede la donna più importante e a destra della donna si siede l'uomo più importante.

Alla sinistra dell'uomo siede la donna che segue per importanza quella seduta a destra, e alla sinistra della donna l'uomo che segue per importanza quello che siede a destra. Si prosegue così rispettando l'ordine d'importanza e l'alternanza dei sessi.

Qui sorge la questione delle coppie: vanno divise? Certo che sì. Sia per favorire la buona conversazione, sia per spezzare le dinamiche familiari che rischiano di rovinare l'atmosfera. Marito e moglie vicini sono spesso deleteri per la serata. Il nostro amico galateo dice che le uniche coppie che non vanno divise sono i fidanzatini. A una cena di compleanno ho avuto la sfortuna di trovarmi seduta di fronte a due coniugi in via di separazione e ho rischiato di prendere un calcio negli stinchi.

A volte separare le coppie può essere pericoloso. Ricordo più di un episodio a conferma.

Il più recente è ambientato sulla terrazza di un ristorante dove un invitato aveva insistito per mettere la bella moglie lontana da sé facendola sedere accanto al protagonista di una fiction televisiva per movimentare un po' la serata. È finita con una scenata di gelosia.

Insomma, seguite la regola, ma con un po' di elasticità. L'unica cosa da evitare sono quelle terribili tavolate con uomini da una parte e donne dall'altra.

Ma del tema conversazione parleremo in un capitolo dedicato. Bisogna però aggiungere che la disposizione dei posti e la conversazione sono strettamente connessi. Se devo invitare due persone che presumo incompatibili, eviterò di farle mangiare a strettissimo contatto. Mai mettere vicini due timidi, così come due egocentrici.

Un aspetto importante, strettamente legato alla disposizione dei posti e alla conversazione, riguarda le presentazioni. Non c'è cosa peggiore che sedersi a tavola senza sapere nulla dei nostri commensali.

Il tocco di classe

Informatevi il più possibile sui commensali (indispensabile per un pranzo di lavoro). Ricordate che sul web si possono trovare parecchie informazioni. Immaginate che figurone tirar fuori con l'amministratore delegato: «Sbaglio o lei nel 1998 ha pubblicato un manuale di economia aziendale?»

«Un buon padrone di casa dovrà presentare sempre tutti gli ospiti tra di loro, man mano che arrivano». Lo trovate scritto in qualsiasi libro dedicato al bon ton, ma non basta. Un bravo anfitrione deve aggiungere una frase caratterizzante che dia l'avvio a un minimo di conversazione. Basta qualcosa tipo: «Mario, ti presento Giulia, una perfetta unione di grazia e talento informatico», «Giulia, ti presento Mario, è uno psicoterapeuta: è suo il merito di avermi fatto passare la paura di volare». Evitiamo fuori dall'ambito professionale i «dottor, professor e cavalier». Un semplice: «Posso presentarle Giovanni Anselmi?» andrà benissimo.

Altre norme sono riassunte in questi pochi punti. Si presenta:

- Un uomo a una donna e non il contrario (qui sbagliano quasi tutti).
- La persona di grado inferiore e di minor prestigio alla persona di maggior prestigio.
- La persona più giovane a quella più anziana.
- Il parente alla persona estranea.
- La persona singola alla coppia.

Se siamo catapultati a una cena con decine di tavoli, non abbiamo fatto in tempo a informarci degli invitati e non conosciamo nessuno, ricordiamo che ci si presenta sempre. Si porge la mano dicendo semplicemente: «Buonasera, sono

Anna Rossi». Doverosa la citazione del fortunato libro di Sibilla della Gherardesca *Non si dice «piacere»*. Da approvare senza riserve. Formula alla quale si risponde: «Molto lieto/a» o semplicemente «Buongiorno» o «Buonasera».

Si dà sempre del «lei», meglio lasciare il «tu» a un secondo momento e solo se viene richiesto, tranne tra persone appartenenti alla stessa categoria, come i giornalisti o i membri dello stesso club.

E ovviamente, ma è utile ribadirlo, si pronuncia prima il nome poi il cognome, e mai il contrario.

Mentre si fanno le presentazioni gli ospiti devono rimanere in piedi; le signore sono esonerate, a meno che non venga loro presentata una persona particolarmente importante o più anziana.

Insomma, in ogni situazione l'atto di alzarsi è visto come un gesto di reverenza e di rispetto, ricordatelo per sapervi destreggiare in ogni evenienza. Ci occuperemo della stretta di mano nella seconda parte del libro; ora basti dire che deve essere ferma e decisa. Ricordiamo che negli Stati Uniti la stretta è uno degli elementi che influiscono sull'esito di un colloquio di lavoro.

Il tocco di classe

Il baciamano piace a signore e signorine. Ricordate che non si fa mai all'aperto e nei luoghi pubblici. Si sfiora la mano abbassando il capo. Consigliabile esercitarsi con amici compiacenti.

Dire «Buongiorno» o «Buonasera» seguiti dal proprio nome è una maniera elegante e semplice di presentarsi. Altre formule suonano un po' ipocrite, dal momento che il piacere di conoscere dobbiamo ancora verificarlo.

Tornando ai consigli per la disposizione a tavola, i single che invitano faranno sedere all'altro capo della tavola l'ospite più importante e del sesso opposto. Tutto però dipende dal numero di commensali. A volte non si riesce a rispettare la regola «uomo/donna», allora, come sempre, vale il consiglio: siate elastici. Tra le cose spiacevoli che accadono nelle lunghe tavolate c'è la delusione che si prova quando si ha la sensazione di essersi seduto dalla parte sbagliata dal tavolo: risate e battute di spirito sembrano provenire da un altro mondo, lontanissimo; noi siamo lì silenziosi dopo aver esaurito tutte le idee per una possibile conversazione con il nostro vicino, ex generale dell'esercito. Ebbene, ecco un altro caso in cui la padrona di casa ha il compito arduo di manovrare la conversazione in modo che nessuno si senta escluso.

Basterebbe non trasgredire a questa semplice, ma spesso dimenticata norma. Mi è capitato spesso di vedere giovani e baldanzosi adolescenti precipitarsi a tavola lasciando ai nonni o, peggio ancora, agli ospiti, i posti più scomodi.

Altra cosa che accade spesso è vedere tutti i giovani da una parte e tutti i «grandi» dall'altro lato del tavolo. È da evitare assolutamente, se il pranzo è formale, ed è sconsigliato anche tra amici. Mescolare un po' le carte non può che far bene alla serata.

Sì ai segnaposti, ma solo se il tavolo è abbastanza ampio; la padrona di casa dovrebbe comunque invitare e indicare a voce il posto a tutti i commensali spostandosi di volta in volta dietro la sedia di ciascuno.

Accade che, per il piacere di invitare tutti, si obblighino le persone a stare strettissime a tavola: cercate di evitarlo, a meno che non siate in grande confidenza, non tutti amano stringersi e mangiare «vicini vicini». Il numero massimo consigliato è di otto commensali, che è considerato il numero limite per seguire la conversazione e per reggere qualsiasi menu. Vi sfido a scolare più di otto porzioni di tagliolini perfettamente al dente e a servirli caldi. Studiare con attenzione le portate in base al numero degli ospiti vi eviterà molti problemi.

> IL TOCCO DI CLASSE
>
> È una piccola regola conosciuta solo dai veri gentiluomini, ma è molto chic: alzarsi in piedi quando una signora abbandona la tavola, come in una scena di *Pretty Woman* al ristorante.

Parlare di posti a tavola significa ovviamente parlare anche di spazio vitale: vedremo nella lettura del linguaggio del corpo quanto sia importante rispettare gli spazi. Qui accenniamo solo al fatto che ogni persona dovrebbe avere circa sessanta centimetri a disposizione per mangiare in maniera rilassata. Più lo spazio diminuisce, più ci si sente a disagio.

Parliamo di spazi e territori e riprendiamo il già citato Desmond Morris. Avete mai notato che, quando ci si avvia verso il proprio posto al ristorante, per istinto si tende a sedersi con le spalle al muro? Prima di spiegare a cosa sia dovuto questo comportamento, diciamo subito che quelli sono i posti migliori, nonché i posti destinati (in caso si sia in due) alle signore.

Da quella posizione si può vedere e quindi dominare tutto il locale.

Ci conferma Morris che anche questo istinto, come quasi tutti i codici del corpo, risale all'uomo primitivo, il quale doveva necessariamente controllare l'ingresso della caverna e tenere le spalle al muro per potersi difendere da eventuali attacchi dall'esterno. Pensate al nostro omino delle caverne che ha catturato una preda ed è terrorizzato dall'idea che qualcuno si avvicini troppo a lui mentre mangia e che gli porti via il cibo.

È quindi comprensibile che chiunque, per un comportamento impresso nel nostro DNA, vorrà istintivamente avere le spalle al muro. Bene, tenete presente che la tavola a questo punto diventa la nostra patria, la nostra casa, il nostro giardino, la nostra casa, la nostra «roba». E siamo disposti a difenderla con i denti!

C'è poi una regola, che conosciamo proprio tutti, anche se non sempre la rispettiamo: la regola dei gomiti. Non ho mai scoperto se i racconti di cene con i libri sotto le ascelle per imparare a mangiare correttamente siano leggende metropolitane o meno (ma non credo), ma tutti sappiamo che è sbagliato invadere lo spazio altrui mentre mangia.

AL RISTORANTE

Chiariamo infine una regoletta che genera nei (gentil)uomini ancora un po' di confusione.

Quando si entra in un ristorante o in un locale pubblico, passa prima lui. La ragione è dettata dal buonsenso. In passato, quando le signore «perbene» non uscivano se non accompagnate, contavano sulla presenza maschile, perché idealmente il cavaliere doveva assicurarsi che il luogo fosse adatto per la signora che accompagnava. Al contrario, all'uscita e in tutti gli altri casi l'uomo di classe lascia sempre il passo alla donna. E questo vale per negozi, uffici e case private.

Ora che lo sapete avete già un dato a vostro favore: secondo come si comporta il vostro partner vi accorgerete se conosce questa piccola regola di buona educazione.

Al contrario, se bisogna salire le scale passa prima la donna, mentre scendendo l'uomo la precede: nel caso precipiti rovinosamente dai tacchi, il maschio ha il compito di frenare la caduta.

Non si sbraita «Ciaooo» se raggiungendo il proprio tavolo si scorgono degli amici, e soprattutto non si pianta in asso il partner in mezzo alla sala per spettegolare a un altro tavolo.

Non si va in bagno rimanendoci una vita, né fuori a fumare se lui o lei non ci fa compagnia. A proposito del fumo, nelle case private è assolutamente da evitare, a meno che non siano gli stessi padroni di casa ad autorizzarci. Nei ristoranti ora è vietato e quindi il problema non sussiste. In generale, se si pranza all'aperto non si fuma mai sino alla fine del pasto, tendenzialmente la penultima portata.

Non si parla ad alta voce, né si discute con il proprietario del ristorante per il conto. Una questione di stile: se il conto è troppo alto, semplicemente non si va più in quel locale.

Nel galateo tradizionale la donna non si rivolgeva al cameriere, ma comunicava al maschio i proprio desideri: oggi non è più così. Anche se ai maschi piace molto ordinare per entrambi: al ristorante lasciamoglielo fare.

Finalmente seduti: quale forchetta uso?

Finalmente a tavola. Sia che siate a cena dal vostro capo, che siate capitati lì per caso e vi rendiate conto con piacere che avete un/una vicino/a di tavola niente male. Sia che non conosciate assolutamente nessuno, che un'amica vi abbia trascinato a una cena di beneficenza e, alla fine, vi ritroviate soli a un tavolo fitto di sguardi diffidenti e altezzosi. Insomma, può capitare un invito molto formale, e la prima domanda che vi assale è: «E adesso quale posata uso?»

Ecco, avevo deciso di iniziare così questo capitolo. Poi, proprio mentre lo stavo scrivendo, mi sono resa conto improvvisamente, come per un'illuminazione, che no, non è affatto vero. Cioè, la drammatica realtà è che pochissimi vengono assaliti da tale dubbio. Al contrario, quasi tutti gli italiani non si pongono neppure la questione, la maggior parte inizia a mangiare, semplicemente.

Molti «copiano» come si comporta uno dei padroni di casa, e questo è un buon trucco, ma è utile fare un rapido ripasso. Sarà la padrona (o il padrone) di casa a dare inizio al pranzo con un semplice «Prego». Se qualcuno esordirà con un «buon appetito» si ricambierà l'augurio con un sorriso, senza fare alcun commento.

Esistono alcuni commensali che sanno perfettamente che le posate si iniziano a usare dall'esterno all'interno (questa è la regola); ma, a volte, costoro credono di avere esaurito i loro obblighi di comportamento sociale a tavola con tale semplice norma.

Ebbene, non basta. Come avevo anticipato all'inizio di questo libro, ma è utile ribadirlo, il comportamento a tavola sottintende alcune regole imprescindibili e altre che, se non vengono applicate, non compromettono il nostro rapporto con il prossimo ledendo la sua libertà.

Vedere un ospite che si gratta il capo forforoso mentre mi accingo a addentare la mia costoletta di agnello è una cosa che trovo francamente insopportabile; ma rendersi conto che il vicino di sedia lotta inutilmente con una chela di gambero fa solo sorridere di solidarietà. Infine, bisogna dire che anche nei posti più chic le tavole oggi tendono a essere più lineari e minimaliste di un tempo. Le posate vengono cambiate man mano che vengono usate. Le posatine da dessert non si mettono più in alto, orizzontalmente sulla tovaglia. La tendenza è: poche stoviglie e poco vasellame, anche preziosi, ma funzionali.

Chi ospita a casa

Prima di decidere cosa cucinare e come preparare la tavola chi ospita in casa deve chiarirsi molto bene le idee su come vuole impostare la serata. Il trucco è far sì che, appena varcata la soglia della vostra dimora, l'ospite respiri proprio l'atmosfera che avete predisposto per lui. È come quando si arriva in una nuova città e si inizia a camminare, o quando si inizia a leggere un libro. Nei primi passi, nelle prime pagine si gioca tutto il resto. Se volete che le vostre cene, i vostri inviti siano contesi e ambiti, immaginate che ogni serata sia come un breve romanzo dove l'anfitrione è l'autore e ha il compito di trascinare gli ospiti in una storia. Esattamente come fa lo scrittore quando, prima di iniziare a scrivere, riflette su quale sarà il genere letterario scelto, come sarà il registro linguistico della storia che si accinge a raccontare e chi sarà il narratore, così deve fare il padrone di casa. Vuole scrivere una commedia o un trattato serioso? Una favola, un epistolario, un sonetto romantico, un idillio o un poema cavalleresco? C'è chi lo chiama «tema» della serata, ma preferisco la similitudine letteraria.

Ogni incontro è indovinato quando siamo riusciti a trasportare gli ospiti-protagonisti in una sorta di favola, quando li facciamo muovere in uno scenario creato da noi con l'atmosfera che decidiamo di far respirare ai nostri attori-commensali.

Non trascurate questa fase fondamentale. Una volta decisa, entrate nella parte e fate in maniera che tutto, dalla modalità di invito, al cibo, alla musica, ai fiori, alle luci, alle parole siano coerenti con «il genere» da voi prescelto. Se sarete così bravi da mantenere questa coerenza e da trascinare gli ospiti nella storia proprio come si dovrebbe fare con i lettori, allora vi meriterete la corona di anfitrioni perfetti.

Capite che, davanti a una grande atmosfera fatta di riflessi e dettagli, di sfumature e calore umano, poco importa se vi manca la posata da pesce o il bicchiere giusto per il cognac. Perfino ciò che avrete nel piatto sarà secondario.

Malgrado tutto ciò, nonostante questa lunga e doverosa premessa, non crediate che le regole non siano importanti: quelle bisogna conoscerle. Le nostre famose norme che compongono il bon ton (non temete, non sono andata fuori tema) le ripasseremo insieme.

Quindi, prima di decidere se il vostro genere letterario sarà un poema epico, controllate se avete l'argenteria e orecchio per le rime, altrimenti vi conviene optare per una breve commedia tra amici ambientata nel vostro bilocale. Formale o informale? È la prima decisione che dovrete prendere. Poi la dovrete comunicare per far capire il tono di un invito e l'impostazione di un pranzo.

Credo sia superfluo procurarsi un servizio di posate da centottanta pezzi se le nostre occasioni di ricevere si riducono quasi esclusivamente al pranzo domenicale con la famiglia allargata. Le aziende (e le case più piccole) hanno rinverdito e snellito il numero delle posate e stoviglie, ma ciò non toglie che, se vogliamo davvero scioccare i nostri ospiti con qualcosa di chic e indimenticabile, dobbiamo ripristinare una tavola old style.

Ma vediamo qualche curiosità sulle posate.

Cucchiaio e coltello furono le prime suppellettili della tavola a fare la loro comparsa sulla scena della cultura materiale umana. Prima, e del resto come avviene ancora in molte parti del mondo, si mangiava seduti con una ciotola e un cucchiaio, oltre che con le mani.

È probabile che a un creativo del passato sia venuta l'idea di intagliare nel legno (di ginepro o bosso) il cucchiaio ispirandosi alla mano chiusa a coppa per raccogliere l'acqua della fonte. Curiosamente, il nome deriva dal latino *co-*

clea, lumaca. Alcuni sostengono in riferimento alla forma, altri, più acutamente, ritengono che il cucchiaio si chiami così perché originariamente indicava uno strumento per mangiare molluschi e lumache: il manico era appuntito e serviva per estrarre la polpa. Sicuramente la posata più antica è il coltello: questo lo dice la storia. Sono state ritrovate lame di coltelli del Neolitico, munite di un corto manico di osso o legno a un unico tagliente quasi sempre ricurvo, e anche in epoca greca e romana si assiste a una grande produzione di coltelli di ferro e bronzo con manico metallico o di osso. Possedere un coltello era una questione di vita o di morte.

Immaginate una tavola medioevale: ogni commensale era sporco di unto, i volti, lucidi di grasso, venivano puliti nelle tovaglie e nelle vesti. Le dita correvano dal vassoio alle labbra ininterrottamente. Con il tempo l'usanza cominciò a essere considerata rozza e incivile, quindi condannabile.

Se è vero che le dita sono state per millenni le «posate reali», come ancora sosteneva Luigi XIV (e precisamente pollice, indice e medio della mano destra), è altresì vero che il coltello, la posata più antica, sostituiva anche la forchetta. Quest'ultima pare che sia stata introdotta come indice di urbanità nell'Alto Medioevo dall'Oriente e da una donna, come spesso avviene, precisamente dalla figlia di Costantino VIII in sposa al figlio del doge di Venezia, ma ci vollero molti secoli prima che venisse accettata. Il più accanito detrattore fu il clero, che la considerava una vera e propria invenzione diabolica. San Pier Damiani fu uno dei sostenitori di questa tesi e sta di fatto che, fino al Settecento, nei monasteri d'Occidente fu per lo più bandita.

Ma torniamo a noi. Nelle moderne tavole non formali si tende sempre più a snellire il numero delle posate, ma può capitare di essere invitati a pranzi ufficiali dove troviamo tre forchette (il numero massimo consentito), e più coltelli.

Abbiamo già detto che priorità dare alle posate, ma quello che crea un poco di panico è il piattino del pane, soprattutto nei tavoli rotondi con molti coperti ravvicinati. La domanda condivisa è: questo piattino è mio o suo? Il piattino va a sinistra ed è ovviamente vietato usarlo come portacenere, cosa che succedeva spesso prima che fosse proibito fumare all'interno dei locali.

Tanto per semplificare le cose, tenete conto che il coltello si usa solo quando è strettamente necessario e che dovreste considerare la forchetta la vostra posata amica e usarla per la quasi totalità del pasto.

Ecco alcune cosette da ricordare:

- Non confondere le posate personali con quelle di servizio.
- Le posate sono disposte in ordine d'uso, dalla più esterna alla più interna.
- Il pesce precede la carne (se vengono serviti due secondi), così anche le posate.
- La forchetta va a sinistra con i rebbi in alto, ma non in tutti i paesi.
- I coltelli vanno a destra con la lama verso il piatto.
- Il cucchiaio va a destra con la parte concava verso l'alto, ma anche qui si cambia a seconda del paese.
- Sopra il piatto, in alto, va la forchettina per il dessert con il manico a sinistra; il coltellino con il manico a destra, eventualmente un cucchiaio medio con il manico a destra. Tuttavia questo modo di apparecchiare è considerato un po' antiquato, meglio aggiungere altre posate al momento del servizio.

- Con le uova (e quindi anche per la frittata) non si usa il coltello.
- L'insalata e le verdure non si dovrebbero tagliare con il coltello.

Piccola curiosità. In tutto il Regno Unito le forchette vanno disposte con i rebbi verso il basso, e questa abitudine ha contagiato anche la Francia. Pare che nel 1714 re Giorgio d'Inghilterra, durante un pranzo, in un moto di rabbia avesse dato un violento pugno sul tavolo e preso in pieno la forchetta che stava accanto al piatto. In Italia si preferisce posarle con i rebbi rivolti in su.

Andiamo avanti. Una volta che si sa quale posata usare vi chiedo: avete mai visto alcuni soggetti afferrare la forchetta come se fosse un punteruolo? Veder ghermire una forchetta come un forcone è ributtante, perfino peggio che sbagliare posata. Le posate si impugnano nella parte alta e la mano non deve superare mai il manico.

Più volte abbiamo detto che la tavola è il luogo ideale per leggere il linguaggio del corpo; esiste anche una sorta di linguaggio delle posate che permette a chi si occupa del servizio di capire se portare via o no il piatto, cioè di capire se il commensale ha terminato di mangiare o meno.

È molto semplice, e i segnali sono fondamentalmente due. Conoscerli vi permetterà anche di scoprire se quello che sta intorno al vostro tavolo è un vero cameriere.

Un vero cameriere sa che, se vede le posate ad angolo, con i rebbi della forchetta rivolti verso il piatto alle ore 19.20, significa che il commensale non ha finito di mangiare. Mentre, alla fine di una portata, le posate si mettono parallele con i rebbi della forchetta rivolti verso l'alto alle ore 17.20: coltello superiore e forchetta inferiore.

La faccenda dei gomiti, una questione di spazio intimo

Persino i meno educati conoscono la faccenda dei gomiti. La racconta anche Brunella Gasperini nel suo libro di culto sul galateo del 1975: il padre da piccola la faceva mangiare con due volumi sotto le ascelle, a indicare l'obbligo di un commensale di non invadere lo spazio altrui.

Biologo e zoologo di fama mondiale, Desmond Morris (il suo *La scimmia nuda*, negli anni Sessanta, fu uno dei grandi successi editoriali scientifici nel mondo), con le sue opere ha contribuito a considerare il corpo umano una grande tavola sulla quale si manifestano certi segni. Morris è stato uno dei primi a occuparsi di spazio. Lo studio spazio-temporale del corpo è una disciplina che si chiama prossemica e regola i rapporti personali, l'arredamento, le adeguate dimensioni delle celle di un carcere (spesso non rispettate), la disposizione di tavoli e scrivanie all'interno degli uffici, nelle scuole e nelle corsie d'ospedale, nei musei e nelle gallerie, e in tutti i progetti architettonici.

A noi interessa lo sviluppo del concetto di spazio per capire perché da sempre, prima ancora dell'invenzione della forchetta, una delle poche regole non scritte del galateo a tavola dice di rispettare lo spazio degli altri commensali. La regola è: a tavola stai al tuo posto. Sottotesto: se con il tuo corpo infrangi la mia «bolla» spaziale io mi infastidisco perché mi sento minacciato e ti riporto nel tuo territorio.

Sempre Desmond Morris dice (*L'uomo e i suoi gesti*, 1982): «Il territorio è uno spazio difeso». La questione del territorio è fondamentale, perché ha che vedere con lo scatenarsi delle guerre; la regolazione del territorio geografico è uno dei fondamenti della società civile. Procedendo dall'universale al particolare, simbolicamente i confini di un paese corrispondono a quelli del nostro giardino, della nostra camera, del nostro letto, della nostra tavola e quindi – e qui arriva il punto – della nostra postazione a tavola.

Edward Hall, antropologo statunitense, fu uno dei primi a occuparsi di prossemica, ma ormai tutti gli studi confermano che 46 sono i centimetri che segnano il limite tra zona intima (da 15 a 46 centimetri) e personale (da 46 a 122 centimetri). La prima è accessibile solo a una persona molto vicina anche emozionalmente. È per questo che guardare una coppia a tavola da lontano permette a un buon osservatore di capire la natura del loro rapporto. Una volta imparato a leggere il linguaggio del corpo sarà difficile che qualcuno riesca a ingannarvi dicendovi: «Siamo usciti a cena, ma siamo solo amici».

Ecco perché mangiare insieme si può considerare un gesto intimo, perché si entra automaticamente in un territorio più personale. Sapere come siano importanti gli spazi può aiutare a capire e far capire al vostro commensale che volete entrare in una sfera intima o piuttosto rimanere in una sfera sociale.

Come illustra Morris, osservando un campione significativo di soggetti risulta che un uomo in attesa in una sala d'aspetto dove è seduta già una persona non andrà a sedersi accanto a lui, ma esattamente a metà delle sedie vuote, e man mano che entreranno altre persone anche loro si siederanno riducendo lo spazio rimasto, sino al momento in cui l'ultimo arrivato dovrà necessariamente sedersi accanto a un altro. Se stiamo troppo vicini ci manca lo spazio vitale, se stiamo troppo lontani ci sentiamo respinti.

La stessa cosa accade al ristorante. Si sceglie un tavolo lontano da quelli occupati e, al nostro tavolo, ci si siede lasciando almeno un posto di distanza da chi è già seduto (a meno che non sia in rapporti di intimità o parentali).

Entrare in ascensore, in metropolitana o in una piazza

affollata, infatti, mette tutti a disagio, perché obbliga le persone a contaminare anche lo spazio intimo; la reazione di difesa è di trasformare gli altri in «non persone». Istintivamente tendiamo a non guardare il volto, volgiamo lo sguardo in alto o a terra, limitando ogni movimento. Lo spazio sociale (da 122 a 360 centimetri) è quello che rappresenta la distanza di sicurezza che teniamo con gli estranei, mentre la zona cosiddetta «pubblica» va dai 360 centimetri.

Queste nozioni sono molto utili nella vita, ma ancora più utili in situazioni conviviali dove emergono prepotentemente i comportamenti istintivi più ancestrali. Non dimentichiamo che il primo impulso naturale è quello di sopravvivenza. Derivano direttamente dall'istinto di sopravvivenza il bisogno di nutrirsi e quello di riprodursi. Ecco perché si tende a collegare il comportamento alimentare delle persone con quello sessuale. Perché è evidente, anche a chi non ha nozioni psicologiche, come queste due sfere siano correlate: la prima esperienza di piacere dell'essere umano è legata alla suzione. Il binomio cibo/piacere rimarrà indissolubile e i due ambiti si possono leggere parallelamente.

Addirittura il bacio, un gesto tra i più intimi, sembra abbia avuto origine dal costume, comune alle donne di molte tribù, di sminuzzare il cibo per poi passarlo direttamente nella bocca del neonato durante lo svezzamento.

Ancora più interessante è pensare che gli uomini hanno cominciato a mangiare insieme in seguito al fatto di cacciare in gruppo. È stata una scelta obbligata, se volevano catturare prede più grandi in grado di nutrire adeguatamente la tribù. Dopo la caccia è stato un processo naturale dividere la preda tra i membri di piccole comunità. Se non comprendiamo a fondo quanto siano ancora vivi alcuni modi di fare istintivi e primitivi non riusciremo a capire molte reazioni e abitudini.

Insomma, quando apparecchiate o siete al ristorante pensate sempre che il coperto, cioè l'insieme delle stoviglie (posate, piatti, bicchieri), ha la funzione fondamentale di delimitare il vostro territorio, quindi non varcate i confini a meno che non abbiate intenzioni ben precise.

Cosa preparo: scrivere il menu

Di certo non vi aspetterete che qui si parli di cibo o di ricette. Per quello ci sono tonnellate di libri, il mio compito è darvi qualche consiglio per il successo della vostra serata.

La cosa più gradita e più elegante non è stupire gli ospiti con portate grandiose, ma mostrare che avete investito energie e tempo per loro. Conta più fare due chilometri per procurarsi un pane speciale con lievito madre d'annata che passare tre ore in cucina. Il segreto è far capire all'ospite che si è pensato a lui, che si sono spesi denari e tempo, ma senza assolutamente verbalizzarlo né farlo pesare.

Il primo ingrediente per la riuscita di un invito è: organizzazione.

- Anche una persona molto impegnata può pianificare una cena, basta organizzarsi.
- In mancanza di una grande memoria ricorrete a una piccola matita: vi servirà per scrivere tutto il necessario.
- Fate la spesa per tempo, scegliete gli ingredienti migliori, non fate gli spilorci e soprattutto evitate le albicocche a Natale e i carciofi in agosto.
- Scegliete ricette che si possono preparare prima per non abbandonare gli ospiti.
- Evitate piatti complicati; non sopravvalutate le vostre doti culinarie.

- Comprate acqua e bevande nel caso qualcuno sia astemio e qualche bottiglia di vino in più (una potrebbe sapere di tappo).
- Evitate assolutamente di cucinare un piatto che non avete mai preparato prima, magari ispirandovi a un bel ricettario di cucina che vi hanno appena regalato. Ricordate cosa dice Artusi nell'introduzione della *Scienza in cucina*: «Diffidate dei libri di cucina», e ve lo dice una che ha pubblicato un migliaio di ricette. Il che significa che anche i piatti che vi sembrano spiegati meglio vanno provati almeno un paio di volte per essere messi a punto; lo fanno anche i grandi chef.
- Prima di iniziare a cucinare mettete tutti gli ingredienti sul tavolo: eviterete di correre al supermercato all'ultimo momento per comprare la bottarga.
- Mai saltare il dolce. Se optate per una cena leggera, per non appesantire i vostri ospiti pensate a un menu di tre portate: entrata, piatto forte, dolce.
- Informatevi su eventuali allergie e intolleranze degli ospiti. Non dimenticate le diete e le prescrizioni religiose.
- Non inserite più di una volta lo stesso ingrediente in un pranzo.

L'ultimo punto è importante. Una volta fui invitata a casa di una conoscente e mia lettrice che voleva farmi buona impressione. Aveva un'insana fissazione per lo zenzero, a suo parere molto esotico. Quindi preparò sfogliatine allo zenzero, maccheroni con verdure e zenzero, cous cous allo zenzero e infine budino allo zenzero. Capite che una cena così diventa davvero indimenticabile: un incubo. Ricordate: varietà negli ingredienti. Le uniche eccezioni sono ammesse per tartufi e funghi, che si possono inserire in più di una portata in un prestigioso menu a tema.

Altro dettaglio importante: quando decidete le portate di un menu non preoccupatevi solo della bontà del piatto in sé o del fatto che «vi viene bene», ma considerate quel piatto in relazione a cosa viene prima e a cosa viene dopo. Un bravo gourmet infatti si preoccupa soprattutto della sequenza dei piatti, più che della loro singola presenza all'interno di un pasto. Un libro utile a riguardo è *L'arte del menu* di Fabiano Guatteri.

Già che ci siamo, vi spiego la differenza tra menu e carta: la conoscono in pochi.

Quando andate al ristorante, fate bella figura e chiedete «la carta», non il menu. La carta include tutte le proposte della cucina, mentre un menu è l'insieme di più portate pensate in sequenza logica. Quindi una carta può contenere uno o più menu.

IL TOCCO DI CLASSE

Se avete fantasia e volete documentare la vostra cena «perfetta», scrivete a mano su un semplice cartoncino colorato le portate che servirete, compreso l'abbinamento dei vini, e completate con la data. Il vostro menu diventerà un souvenir della serata, inoltre permetterà agli ospiti di modulare la propria capienza gastrica in relazione al numero delle portate.

PIATTO FORTE

Oggi si tende a scardinare la vecchia sequenza di quattro portate in vigore in Italia: antipasto, primo, secondo e dessert, perché si mangia meno e le contaminazioni delle nuove cucine tendono a snellire i pasti e a concentrare gli sforzi sul piatto forte. L'idea è quella di costruire l'invito a cena o a pranzo su un solo piatto importante (che dovrebbe essere il piatto meglio riuscito di chi sta in cucina). Oppure una cena etnica o fusion o composta solo da primi o da piccoli assaggi di antipasti. Insomma, sbizzarritevi!

Ovviamente assicuratevi che tutti gli ospiti lo gradiscano: non c'è nulla di peggio di impostare una cena sulla casseola se poi metà degli invitati è vegetariana e allergica alle verze.

Se puntate sul vostro piatto forte, per esempio un secondo sostanzioso o un piatto unico, la paella, il brasato con la polenta, il risotto con l'ossobuco, la zuppa di pesce, basterà aggiungere un leggero antipasto e un dessert per completare il pranzo.

Chiudo questo paragrafo con il secondo ingrediente fondamentale dopo l'organizzazione, ossia la fantasia, senza la quale nessuna cena si potrà definire un successo. Il suo contrario, una certa forma di banalità, è ciò che ogni bravo anfitrione eviterà come la peste.

Spargerla qua e là non guasta mai: negli addobbi, nella scelta dei piatti e della musica e, perché no, nella conversazione.

L'arte di servire

A volte rimpiango di non aver potuto partecipare a quei banchetti rinascimentali e barocchi per la loro magnificenza. Le portate erano composte non di singoli piatti, ma da generosi buffet, dove trionfi di frutta e selvaggina si adagiavano sui tavoli addobbati e si dividevano in «servizi di credenza» e «servizi di cucina» in alternanza. I convitati attingevano liberamente dove erano disposte tutte le vivande insieme. E, nell'intervallo fra un servizio e l'altro, tra musici e saltimbanchi che rallegravano gli ospiti, si civettava e ci si puliva le dita intingendole nell'acqua di rose. Altri tempi.

Chi di voi, entrando in un ristorante raffinato e costoso, non si è sentito meravigliosamente accudito da maître e camerieri gentilissimi? Già, i camerieri, una specie in via di estinzione. Un vero cameriere non deve essere chiamato, perché anticipa le vostre esigenze. State chiacchierando con la vostra fidanzata, sfiorate con lo sguardo il tumbler dell'acqua e, prima che vi rendiate conto realmente che avete sete, ecco Corrado che si avvicina con la bottiglia. Questo è servizio. A proposito, non lasciatevi sfuggire la condotta dei vostri commensali nei confronti del personale di servizio: è sintomatico del rispetto che si ha degli altri.

Vi risparmio la descrizione dettagliata di una cena a casa di un famoso autore televisivo che, nell'imbarazzo generale, si mise a insultare un cameriere che aveva fatto cadere a terra una bottiglia di Brunello. In certe occasioni salta fuori la vera natura delle persone.

In uno dei (pochi) ristoranti in Italia dove il servizio è impeccabile (spero sia ancora così), a Roma, arrivai con un gruppo, tra cui un amico cuoco un po' corpulento. All'ingresso non riuscimmo a nascondere la delusione: era obbligatoria la giacca. Con un sorriso che voleva dire «non c'è problema», il direttore di sala scomparve e ritornò subito dopo con un impeccabile blazer blu dell'esatta taglia dell'amico grassottello. Ecco, questo è un servizio a tre stelle.

Un buon anfitrione deve fare lo stesso: prevenire i vostri desideri. La brava padrona di casa non si lascia sfuggire il vostro piatto vuoto e vi offrirà senza indugio un bis, saprà cogliere il vostro disappunto e il vostro gradimento.

La maniera di portare a tavola i piatti non è cosa di poco

conto, ed è proprio «il servizio» l'elemento che pesa sui critici gastronomici e che fa media con il giudizio finale nei ristoranti di alto livello. Naturalmente, c'è da augurarselo, dopo la voce «cucina».

È sempre il servizio che modula i rapporti tra gli invitati, quello che dà il ritmo, che unisce o separa. È il servizio che favorisce i contatti o mantiene la separazione tra i commensali.

Cosa sarebbe una cena vis-à-vis con un/una potenziale fidanzato/a se uno dei due rimanesse sempre in cucina lasciando l'altro solo per tutta la sera? Meglio pensare a qualcosa di già pronto nel forno da prelevare e sistemare nel piatto in pochi minuti e godersi gli sguardi amorosi del nostro partner. Credete che il clima di una serata sia lo stesso se assumete un cameriere che fa le porzioni davanti a voi, oppure se decidete di lasciare un vassoio colmo di polenta e stracotto in mezzo alla tavola in modo che gli ospiti si servano a cucchiaiate sfiorandosi le mani?

Insomma, il servizio è importante. Pensate solo a quanta aggressività e disprezzo si nascondono nel gesto di lanciare il piatto davanti a un commensale anziché depositarlo sul tavolo con grazia. Anche attraverso la lettura dei gesti che accompagnano il servizio possiamo capire molto. È incredibile come la semplice azione di portare un piatto e posarlo davanti a un commensale possa prestarsi a molte letture e farci intravedere un mondo sommerso.

Una volta un'amica mi raccontò di essere rimasta impietrita per tutta la cena, incapace di reagire: il cameriere ci provava con lei, e naturalmente il suo accompagnatore non si era accorto di nulla. Come? Strusciandosi contro il gomito destro (o sinistro) ogni volta che portava un piatto a tavola. Non è difficile decodificare sia il comportamento del cameriere, sia quello del corteggiatore, dotato di una capacità intuitiva inferiore a quella di un bradipo addormentato.

Ricordate, anche in questo caso, la prima cosa che dovete decidere quando fate un invito è chiedervi: formale o informale?

Di seguito vi segnalo una serie di regole che ho estratto dai manuali di servizio per le scuole alberghiere. Naturalmente possono essere ammorbidite a piacere, ma è molto utile conoscerle anche se non avete intenzione di applicarle.

Se le impariamo potremo smascherare qualsiasi sedicente cameriere che si presenta come tale, oppure divertirci a dare un voto al servizio nel caso fortunatissimo in cui ci trovassimo a pranzare in un ristorante stellato, dove è consigliabile applicarle. E ancora: solo conoscendo tutte le alternative possiamo scegliere volta per volta il servizio che più si adatta alle nostre esigenze. Potete decidere di:

- Portare a tavola le vivande già porzionate dalla cucina con una presentazione gradevole per ogni portata. Questo modo di presentare i piatti si chiama servizio all'italiana o «al piatto»: è il più creativo e quello che dà maggiori soddisfazioni all'anfitrione fantasioso, perché permette di scatenarsi nel creare una presentazione gradevole. È, inoltre, il modo di servire che rispetta maggiormente i piatti caldi, perché evita un passaggio in quello da portata (che orrore un bollito freddo!), ma è, tra tutti, il più impegnativo e obbliga la padrona di casa a rimanere in cucina più tempo, oppure a pretendere un aiuto valido dietro le quinte. Io lo consiglio per un massimo di sei/otto ospiti.
- Prevedere un aiuto o un cameriere nel cosiddetto servizio alla francese. Il cliente o l'ospite si serve da solo, prendendo le vivande, nella quantità e tipo desiderati, dal piatto di portata sorretto dal cameriere (indiret-

to). Oppure il cameriere porge le pietanze dal lato sinistro del cliente, prendendole con la clips dai piatti di portata che tiene sull'avambraccio sinistro (diretto). Francamente non amo molto questo modo di servire: non posso fare a meno di sorridere ogni volta che vedo, soprattutto nelle trattorie, questi vassoi carichi di cibo avvicinarsi pericolosamente alle acconciature o ai décolleté delle signore, o al cranio pelato degli ospiti maschi.

- Optare per il servizio alla russa o al *guéridon*. Il *guéridon* è un carrello o un tavolino da sistemare vicino alla tavola apparecchiata. Il nome deriva curiosamente dal termine con cui i francesi indicavano gli uomini di origine africana. Questo genere di tavolino nel XVII secolo aveva infatti come base la figura possente di un moro. È considerato un modo di servire molto chic e a me personalmente piace. Nelle cene private è comunque molto utile tenere un tavolino accanto alla tavola sul quale disporre i vassoi, le posate e i bicchieri di scorta. Il cameriere o la padrona di casa mostra all'ospite il piatto di portata, poi lo mette sul *guéridon*. Accanto ci sono i piatti caldi, che il cameriere prepara con le posate nelle due mani e serve dal lato destro del cliente. Il cameriere in questo caso non può essere improvvisato, specialmente se si tratta di pulire un pesce. Se decidete di rivestire voi questo ruolo, i vostri ospiti si sentiranno accuditi, ma prima esercitatevi bene a tagliare arrosti e a sfilettare branzini.
- Usare il metodo self-service o il buffet è molto utile, nel caso si abbiano tanti invitati o non si abbia spazio per tutti. Gli ospiti stanno in piedi e non si prevede il servizio al tavolo. I buffet sono di norma affollati nello stesso istante e ci vuole molta intelligenza nel posizionare i tavoli in maniera che siano accessibili a tutti.

Ecco, potete stupire gli invitati con la vostra competenza nel campo del servizio. Ora riassumo ed esemplifico.

La regola generale prevede che alla sinistra dell'ospite:

- Si portano i piatti colmi di cibo.
- Si prelevano dai vassoi le vivande e si porzionano.
- Si porgono i piatti di portata quando il cliente si serve da sé (come nel servizio alla francese).
- Si serve il pane sull'apposito piattino.
- Si tolgono le posate poste a sinistra.

Mentre alla destra dell'ospite/cliente:

- Si tolgono i piatti.
- Si completano o si cambiano i coperti.
- Si serve da bere e si mostrano le bottiglie.
- Si tolgono le posate poste a destra.

Quando il tavolo è messo in una posizione disagevole, le regole cadono tutte tranne una: fare in modo che l'ospite sia disturbato il meno possibile.

Temete di fare una terribile confusione? Ricordate solo questo:

- I piatti da portata e quelli puliti si porgono alla sinistra del commensale.
- I piatti vengono tolti da tavola da destra.

Altre cosette da ricordare sul servizio:

- I piatti non vanno mai riempiti troppo: la cosa fa subito mensa aziendale. Il bordo del piatto deve essere lasciato libero e non deve presentare traccia di cibo. Spezzo una lancia a favore dei piatti bianchi: sono gli unici che non falsano i colori delle pietanze e permettono di giocare con la presentazione del cibo.
- Importante, da tener presente anche al ristorante: piatti freddi per pietanze fredde, caldi per pietanze calde. Sembra banale e scontato, ma non lo è.

- Il pane va posto sul piattino alla sinistra ma, se non avete spazio, lasciatelo in un vassoio o cestino e fatelo passare in modo che i commensali si possano servire.
- Evitate di mettere grissini confezionati, acqua minerale o peggio bottiglie di plastica sul tavolo: l'unica etichetta ammessa è quella del vino.
- Se non c'è personale di servizio ci si serve da soli, sempre dopo che il padrone di casa vi ha invitato a farlo; evitate le porzioni gigantesche.
- I piatti di portata passano dal commensale di sinistra a quello di destra.
- Sale, pepe e formaggiera devono trovarsi già a tavola.
- La formaggiera si porta via dopo i primi piatti.
- Olio e aceto vanno portati insieme all'insalata.
- Prima si serve il pesce e poi la carne.
- Prima il dolce e poi la frutta.
- Si servono una sola volta: brodo, minestra, insalata, formaggio, frutta, caffè.
- I piatti sporchi non si impilano, ma si portano via uno per volta.

ORDINE DI SERVIZIO: CHI PER PRIMO?

Una sera, a una cena in onore di un avvocato che compiva gli anni, era impossibile non notare che il cameriere si ostinava a ignorarlo continuando a servirlo per ultimo. Alla fine scoprimmo che il cameriere era imparentato con la prima moglie dell'avvocato e dimostrava inconsciamente il suo disappunto per il disastroso divorzio della cugina. Solo un esempio per mostrare che, se non si conoscono le regole di galateo, tendiamo a servire prima le persone che teniamo in maggior considerazione. E non è così ovvio: alcuni esperimenti hanno evidenziato che, se si distrae la padrona di casa con un argomento interessante al momento di servire gli ospiti, pur essendo informata sulle regole del bon ton, servirà il marito e poi il figlio maschio trascurando ogni regola. Così come, involontariamente, durante una conversazione il nostro sguardo è rivolto sempre verso chi teniamo in maggior considerazione.

Immaginate ora una cena a due: lei vi ha invitato e ha cucinato per voi. Cosa pensereste se la vostra amica ogni volta che porta in tavola una portata si servisse per prima? Che messaggio credete che nasconda questo gesto?

La regola generale è che l'ordine in cui vengono serviti i commensali dovrebbe rispettare la gerarchia della disposizione a tavola, ma comunque si parte sempre dalle donne e precisamente:

- Dalla donna che siede alla destra del padrone di casa.
- Quella a sinistra del padrone di casa.
- La signora seduta vicino all'invitato che si trova a destra della padrona di casa eccetera.

Poi è la volta degli uomini, e cioè dall'invitato che siede a destra della padrona di casa, poi a sinistra eccetera. In caso gli invitati vi chiedano il bis non si segue più nessun ordine, ma si serve chi lo chiede.

I manuali di cerimoniale segnalano questo ordine:

- Persone festeggiate.
- Ospiti di riguardo.
- Membri del clero.
- Donne.
- Persone autorevoli.
- Persone anziane.
- Organizzatori.

Tenete conto che al primo posto dell'elenco compaiono spesso i bambini; io a riguardo sono piuttosto severa e ne parlerò in un paragrafo a parte. Riassumo così il mio pensiero: i bambini (sino a dodici anni) mangiano prima o dopo. Per il bene loro e degli altri ospiti.

De bibenda: posso fare cin cin?

Il rito del brindisi non cambia nei secoli: in quasi tutte le culture, qualsiasi parola lo accompagni si alzano le coppe verso il cielo prima di bere e si dedica il gesto a persone, cerimonie, ricorrenze e a varie intenzioni. Unico vincolo: può avvenire con qualsiasi bevanda, tranne l'acqua. I brindisi che contano sono quasi sempre accompagnati da parole memorabili.

La storia del cinema ci ispira. Il primo esempio è in un film di Alessandro Blasetti del 1941, *La cena delle beffe*, dove Amedeo Nazzari brinda al grido «Chi non beve con me, peste lo colga», augurio famoso diventato quasi spot pubblicitario, benché il film sia più noto per la comparsa del primo seno nudo della bella Clara Calamai che per il brindisi stesso. Quel brindisi ha qualcosa di selvaggio e primordiale, e di un po' inquietante, forse per la premonizione di follia che pervade questo film drammatico. Più originale ricordare le parole di Sem Benelli che quasi nessuno cita, neppure i cinefili, e che precedono quelle suddette: «Bevo in barba a chi non ha debiti, bevo in barba ai capri e agli asini e ai santi soltanto in agonia». Di norma uso questa formula quando voglio dare un po' di pepe a certe noiosissime cene rotariane: l'effetto è assicurato.

In *Titanic*, invece, Jack, trascinato e ripulito per amore di Rose in prima classe, cena brindando «Al valore di ogni singolo giorno», monito forse bizzarro sulla bocca di un ventenne, ma eterno. Sintomatica tutta la cena, dall'abbuffarsi del protagonista che strappa il pane con i denti e lo butta giù con lo champagne, al suo parlare con la bocca piena. Rilassato dopo la rigidità iniziale, Jack esprime la sua vera natura e la sua fame atavica dopo un paio di bicchieri.

Brindare è bello, unisce e sancisce un accordo, una ricorrenza, cementa un rapporto di lavoro e di amicizia. È auspicabile trovare sempre qualcosa da festeggiare, ma occorre subito, come sempre, distinguere i festeggiamenti tra amici e parenti da quelli di lavoro o istituzionali. In entrambi i casi è bene che eventuali discorsi pre-brindisi siano brevi e improntati alla leggerezza. Inutile dire che è meglio prepararsi qualcosa di sensato da dire in un caso o nell'altro: niente di peggio che veder balbettare un ospite qualche banalità perché preso alla sprovvista. Meglio non dire cin cin, che, tra l'altro, in qualche lingua orientale pare abbia un significato imbarazzante. Come si sa l'etimologia non è una scienza esatta, ma trovo questa lettura molto affascinante. Il cin cin si fa risalire al Medioevo, quando era diffusa la graziosa abitudine di avvelenare i nemici versando in cibi e bevande ogni nefandezza frutto delle arti degli speziali. Far uscire un po' di liquido (spesso birra) dal proprio bicchiere mentre si battevano i due boccali tra loro, scambiandone una parte del contenuto, era considerato un atto di fiducia reciproca.

È probabile che il brindisi derivi dalle libagioni in onore di Dioniso, dio del vino. Sta di fatto che il brindisi nell'antica Grecia avveniva in genere alla fine del pasto con una chiara valenza rituale. Cominciava il momento della convivialità con i sacrifici in onore degli dei: un ospite versa il vino a terra, mentre gli altri convitati pronunciano una preghiera.

I latini, alzando e toccando i bicchieri prima di bere, dicevano «Prosit!», dal verbo *prodesse*, essere di vantaggio, che potremmo rendere con l'odierno «Alla salute!»

Il cinese *ch'ing ch'ing*, invece, significa «prego prego» e pare che i marinai inglesi l'avessero introdotto nei porti della Vecchia Europa, dove fu presto adottato perché ricordava il tintinnio dei bicchieri. Io consiglio un semplice «salute» oppure, ancora meglio, rispondere nelle varie lingue adeguandosi al paese in cui ci si trova. Ricordate sempre che non bisogna peccare di provincialismo o presunzione e pensare che il nostro sia il modo più corretto. C'è chi rompe i bicchieri, chi incrocia i calici, chi getta a terra le bevande in segno di scaramanzia. E, come per il «buon appetito», non farete notare alcun disappunto ai vostri ospiti: aggregatevi al cin cin se le circostanze informali lo impongono. Vale sempre il principio secondo cui il peggior analfabetismo di bon ton è sottolinearne la mancata osservanza. Nelle occasioni ufficiali, invece, è vietato ogni tintinnio di sorta. Il brindisi migliore? Sollevare semplicemente il bicchiere in direzione di un commensale importante accennando un sorriso e uno sguardo pieno di cose non dette. Non c'è strategia conviviale più dirompente.

Ultima cosa curiosa a proposito del brindisi: sapete perché è considerato scorretto e maleducato versare da bere tenendo il dorso della mano destra rovesciata all'indietro anziché in bella vista? Durante il Medioevo e il Rinascimento, quando gli avvelenamenti a tavola erano frequenti, il veleno era spesso contenuto all'interno di anelli con coperchietti a scomparsa; nascondere la mano versando da bere faceva nascere il sospetto di mortali sostanze versate nel boccale.

Vino & Co.

Di certo, in casa avrete almeno una decina di libri sull'abbinamento dei vini, manuali sul tipo di bicchiere più adatto, dove decine di scuole di pensiero spaziano dal consigliarvi la birra a inizio pasto al saké con il risotto, dal bicchiere viola in abbinamento ai tovaglioli, ai vecchi bicchieri della nonna in cristallo come contenitore per il tiramisù, dal vino rosso con il pesce al sidro con il cioccolato. Fate quello che volete e sbizzarritevi con vini e bicchieri, ma tenete presenti alcune cose fondamentali.

L'epidemia cucinocentrica degli ultimi anni ha portato il dannoso proliferare di una specie che si sta moltiplicando pericolosamente: il sedicente sommelier di primo e secondo livello. Questi signori (e signore) sono un po' noiosi; ritengono di avere il diritto di pontificare su vini, bicchieri, abbinamenti per il fatto di aver seguito un corso qualunque. Inutile combatterli se li incontrate al ristorante; ascoltateli e lasciate a loro la scelta del vino (ci metteranno una vita, ma alla fine ce la faranno onorevolmente). Se invece sono tra gli ospiti di casa consiglio prudentemente due strade: o siete in grado di sostenere la conversazione, oppure rassegnatevi e lasciate a loro la gestione del beveraggio. Alla fine ne trarrete solo vantaggi.

È bello fare qualche domanda sul vino e commentare insieme i suoi aromi e la cosa può essere di interesse collettivo, ma discutere un'intera serata sul perché il Barbaresco non avesse sentori di prugna secca, secondo me è francamente troppo.

Non dimenticate, sia che siate ospite, sia che siate l'anfitrione, che l'argomento vino/bere potrebbe, per quanto a voi paia incomprensibile, non interessare tutto il resto dell'umanità.

È indubbio che il perfetto padrone di casa sa che la buona riuscita di un incontro conviviale è affidata, oltre che alla bontà dei cibi, anche all'offerta dei vini.

Quanti vini servire è una scelta che ancora una volta deve venire subito dopo la prima, solita, fatidica domanda:

«È una cena tra amici, oppure in famiglia? È un pranzo formale?» Insomma, più i piatti e il tono generale della serata salgono, più cresce il numero dei vini che dovrete servire. La base minima è due: uno a tutto pasto che può essere bianco o rosso, e un vino dolce se è previsto il dessert.

Ricordate la regola fondamentale: con i dolci di ogni tipo si serve un vino dolce, e non si apre lo spumante secco con il panettone. A eccezione dello champagne, che è l'amico ideale a tutto pasto. Chi mi conosce sa che ho un debole per le «bollicine»: lo abbinerei anche a uno stracotto con polenta, ma siamo in democrazia no?

È fondamentale coordinare alla composizione del menu la scelta dei vini che, come per i piatti, devono seguire un andamento crescente. Mi spiego. Così come non posso servire un antipasto a base di acciughe molto salate, e poi sperare che apprezzino la mia vellutata di porri, allo stesso modo non posso servire un vino novello fresco e leggero dopo un Amarone di Valpolicella di 14 gradi. Di norma, la successione dei vini deve essere armoniosa e graduale: la sequenza di vini e piatti per ogni portata, e quindi del relativo vino, va valutata attentamente in funzione di ciò che segue e di ciò che precede. In qualsiasi enoteca vi potranno consigliare al meglio se spiegherete cosa avete intenzione di servire. Fatevi dire anche la temperatura. Se optate per una bollicina, fate in modo che sia fredda al punto giusto; non c'è nulla di peggio di uno champagne tiepidino.

Quindi l'ordine è:

- Dal sapore più delicato a quello più intenso.
- Dal vino più giovane a quello più vecchio.
- Dal bianco al rosso (ma questo non è sempre vero).
- Vini invecchiati prima dei vini da dessert.

Ovviamente le regole possono essere stravolte e l'apertura delle bottiglie potrà essere condivisa con i vostri ospiti. Trovo vincente stare nella stessa regione: per esempio, vitigno pugliese con le orecchiette e francese con il foie gras. In genere non si sbaglia.

Ricordiamo anche che ogni bottiglia, anche la più cara, può riservare delle sorprese; è quindi opportuno tenerne qualcuna di scorta, per non lasciare i vostri ospiti all'asciutto.

Chi ospita, dopo aver effettuato la stappatura, dovrebbe servire prima la persona di maggior riguardo che sarà seduta alla sua destra, poi procedere, dando la precedenza alle signore e quindi servire il signore più anziano e poi tutti gli altri.

Per evitare quelle odiose gocce, mentre si versa, basta ruotare leggermente la bottiglia sul suo asse.

Sarebbe auspicabile che durante il pasto, e questo anche al ristorante, i bicchieri non rimanessero mai vuoti. Si chiede il permesso e si rabbocca con altro vino: di norma questo dovrebbe essere un compito maschile, ma ne parleremo più diffusamente nel capitolo dedicato allo studio del potenziale partner a tavola.

Meglio tenere vino e acqua in un tavolino a parte e non sulla tavola; magari, se il vino lo richiede, in un secchiello del ghiaccio.

Bluffare con il vino

Ci sono parole o domande che, se ben utilizzate, possono farvi passare per un intenditore. Il mio consiglio è non bluffare, in generale, nella vita. La cosa più originale al mondo è cercare di essere se stessi.

Può bastare, per cominciare, abituarsi semplicemente a prestare attenzione al proprio palato ogni volta che si beve un buon vino. Presto, riuscirete a costruire mentalmente le vostre caselle di riferimento, utilissime ogni volta che assaggerete un vino nuovo. In un caso di emergenza (siete davanti a quella che potrebbe essere la vostra anima gemella), ho chiesto a due amici e grandi palati, Luca Gardini e Davide Oltolini, di darmi una mano.

Ecco il parere di Luca Gardini, campione mondiale dei sommelier.

«Negli ultimi anni il mondo della ristorazione ha saputo attirare la curiosità e l'interesse di un numero sempre crescente di estimatori. Le cucine dei grandi chef sono diventate mete di pellegrinaggi come veri e propri santuari del gusto e a casa si cerca poi di riproporre, con la complicità dei molti format televisivi dedicati, ricette elaborate e accattivanti. Ma così come non ci si improvvisa grandi chef, tanto meno si può sperare che bastino poche informazioni di base per impugnare con spirito impavido una delle voluminose carte dei vini proposte nei ristoranti blasonati e stellati. Dunque il mio consiglio è quello di mostrarvi disponibili a essere consigliati, ma nello stesso tempo non totalmente sprovveduti. Attenetevi a ordinare del vino senza annoiare chi vi sta di fronte con inutili nozionismi imparati a memoria per l'occasione, correndo inoltre il rischio di infilarvi in un ginepraio da cui nessuno potrà più liberarvi. Il mondo del vino è infatti articolato e complesso, con le sue innumerevoli informazioni che vertono principalmente sulle denominazioni, la composizione delle uve, l'affinamento, ma anche sulla storia della regione in cui si produce, sulle caratteristiche del territorio e su racconti legati al costume e alla tradizione, per non parlare poi di annate, dati e tecnicismi.

«Pertanto evitate frasi saccenti per impressionare il sommelier (o la *sommelière*), magari giovane ma più esperto (o esperta) di voi, e lasciatevi consigliare. Lo faccio spesso anch'io e trovo sia un gesto di umiltà e cortesia che chi vi siede accanto saprà di certo intuire e apprezzare. Se siete un uomo al primo appuntamento la vostra accompagnatrice noterà di certo con piacere i vostri modi eleganti piuttosto che sentirsi lusingata da inutili spocchioserie, da gesti eclatanti o, peggio ancora, da improbabili degustazioni. Resta inteso, però, che l'occasione meriti di essere celebrata, magari con un calice di ottimo champagne (che difficilmente dispiace) o con un metodo classico italiano, in ogni caso meglio un Blanc de Blancs, ottenuto da sole uve Chardonnay, morbido e raffinato, tanto per cominciare bene, per poi affidarsi all'esperienza del personale di servizio.

«Preparatevi dunque al rischio che il vino consigliato sia eccellente e in perfetta armonia con le pietanze, ma che il prezzo superi di molto i vostri pronostici. Onde evitare spiacevoli traumi *post cenam* il consiglio è quello di procedere all'ordinazione senza fretta, invitando il sommelier a indicarvi sulla carta quale bottiglia abbia in mente per voi. Vi aiuterà a focalizzare il nome del vino e a controllarne il prezzo. Se la cifra vi sembra eccessiva cercate un vino della stessa tipologia a un prezzo più ragionevole, al limite tentate con garbo di portare il consigliere nella vostra direzione con una frase tipo: 'Qualcosa di meno pretenzioso? Magari una perla enologica pressoché sconosciuta?' In questo modo il sommelier si sentirà stimolato a esibire il proprio sapere e chi siede al vostro tavolo non percepirà il vostro disappunto. Qualora la trattativa dovesse protrarsi oltre i limiti della ragionevolezza, la vostra ancora di salvezza potrebbe essere la scelta di una degustazione al calice. A ogni piatto sarà abbinato un vino adatto e questa soluzione potrebbe mostrarsi ideale qualora le esigenze e i gusti di più commensali dovessero rivelarsi inconciliabili tra loro. Anche in questo caso però cercate di essere pratici, ma mai sbrigativi: la scelta del vino non deve generare ansia da prestazione, né insofferenza, ma deve costituire il preludio a uno dei più autentici piaceri della vita. Non siate bramosi di mostrare un sapere che non vi appartiene, lasciatevi guidare invece dalla passione, dalla curiosità e dall'entusiasmo».

Ecco invece i consigli di Davide Oltolini, critico enogastronomico ed esperto in analisi sensoriale.

- Il vino non va mai ordinato prima di aver effettuato l'ordinazione dei piatti: l'esperto, infatti, sceglierà il nettare di Bacco che meglio si accompagna al cibo che sta per degustare.
- Per scegliere il vino chiedete consiglio al sommelier o al cameriere addetto al servizio di questi ultimi. Tale richiesta non è assolutamente segno di incompetenza, in quanto il sommelier del locale è colui che, almeno in teoria, dovrebbe conoscere al meglio i vini che sta proponendo e le caratteristiche organolettiche dei piatti che avete ordinato, e ai quali il vino andrà abbinato.
- Quando vi viene suggerito un determinato vino potete chiedere da quali vitigni è ottenuto, ovvero quale tipologia di uva è impiegata per la sua produzione. Se viene impiegata una pluralità di uve questa viene definita uvaggio. Ovviamente si tratta di una domanda assolutamente da evitare per i vini la cui denominazione già comprende il nome del vitigno (come per esempio Barbera d'Alba o Verdicchio dei Castelli di Jesi) o per prodotti molto noti, che si suppone conosciuti da qualsiasi esperto (quali Chianti, Barolo eccetera).
- Se il vino che vi viene proposto è uno champagne o uno spumante, potete chiedere quale sia stato il tempo di permanenza sui lieviti dello stesso o la sua data di sboccatura. Per gli spumanti, inoltre, è possibile chiedere se si tratti di un metodo Martinotti o di un metodo classi-

co, cioè rifermentato in bottiglia (attenzione, perché gli champagne sono sempre rifermentati in bottiglia).

- Il sommelier, prima di servire l'altro o gli altri commensali, versa una piccola quantità di vino a colui che ha effettuato l'ordinazione. Se chi l'ha ordinato siete voi, prima di assaggiarlo portate il bicchiere al naso e annusatene il liquido contenuto (serve a verificare che il vino non sappia di tappo) e, a seguire, sorbitene una piccolissima quantità, prima di dare l'assenso al servizio.
- Anche durante la degustazione, prima di bere, portate sempre il calice al naso. Tale gesto permette all'esperto di godere appieno del patrimonio olfattivo del nettare di Bacco. A questo proposito tenete conto che uno dei sentori più comuni tra i vini bianchi è quello della mela Golden, mentre la gran parte dei vini rossi esprime note di frutti di bosco, accompagnate, ma solo nel caso di vini non più giovani, da accenni speziati, insieme a note di frutta sotto spirito e di confettura. Se un vino è stato affinato in legno sarà, inoltre, immancabile l'aroma di vaniglia. Negli spumanti e negli champagne, soprattutto nelle tipologie *nature* o *pas dosé*, prevale, invece, il profumo della cosiddetta «crosta di pane».
- Se siete al tavolo con più di un commensale probabilmente una sola bottiglia di vino non sarà sufficiente a terminare il pasto. In questo caso tenete conto che, volendo cambiarne la tipologia (magari su richiesta di uno dei vostri compagni), la sequenza corretta inizia con un vino bianco, per continuare con un rosato e/o un rosso e concludersi con un vino dolce o liquoroso.
- L'abbinamento cibo-vino rappresenta un tema estremamente complesso e va molto al di là del classico binomio carne-vino rosso e pesce-vino bianco. In ogni caso, se la vostra scelta cade su cibi dai sapori complessi e marcati,

dovrete richiedere al sommelier un vino che esprima le medesime caratteristiche, come, nel caso della scelta di un piatto delicato, andrà richiesto un vino più leggero.

- Infine, per accompagnare il dessert ricordate di non ordinare mai uno spumante secco bensì, sempre e comunque, un vino dolce e, se qualcuno ve ne chiede il motivo, potete tranquillamente rispondergli che l'abbinamento dei dolci avviene seguendo il principio della concordanza (ovvero il dolce con il dolce).

Bicchieri

Evitate, come ho anticipato, bicchieri colorati per il vino, che altrimenti non potrebbe essere apprezzato nelle sue sfumature. Nelle cene formali vi troverete alle prese con diversi bicchieri e oggi è più complicato di una volta, quando le forme dei bicchieri e quindi le attribuzioni (bianco, rosso e acqua) erano più riconoscibili.

Quando invitate voi tenete presente che il numero minimo di bicchieri è due: uno per l'acqua e uno per il vino. Questo numero minimo va osservato anche per le cene più spartane.

Abituatevi anche nella tavola di tutti i giorni ad avere due bicchieri. Che i vostri bambini (e anche i bambini più cresciuti) imparino a vedere in tavola almeno due bicchieri davanti ai grandi è una buona cosa.

Da questo numero in su, in teoria non c'è limite all'uso di bicchieri, ma il bon ton e soprattutto il buonsenso consigliano di non metterne in tavola più di quattro. Sarà compito di chi serve o della padrona di casa, nel caso la cena si svolga in una casa privata, sostituire o lavare di volta in volta i bicchieri per gli abbinamenti successivi.

I bicchieri che non servono più o che non sono stati usati si tolgono prima del dessert.

Ci sono decine di varietà di bicchieri e marchi. Io amo il bicchiere di cristallo e molto ampio, anche con le bollicine e i bianchi. In realtà le vecchie regole rigide di classificazione dei bicchieri sono tramontate. Basti pensare al declino della flûte, quel bicchiere lungo e stretto che invade le nostre vetrinette e che abbiamo accumulato negli anni.

I bicchieri vanno presi per lo stelo per non lasciare aloni sulla coppa e per non alterare la temperatura del vino e vanno sempre tenuti con la mano destra e posati in tavola alla nostra destra.

Ah, i bicchieri più belli in cui abbia bevuto in vita mia? Quelli dell'enoteca Pinchiorri a Firenze, una delle più grandi al mondo.

10 COSE DA SAPERE SUL GALATEO DEL BERE

- Non si sposta il bicchiere mentre vi versano il vino, ma lo si appoggia sulla tavola. C'è un'eccezione. Se si stanno servendo vini decantati, cioè aperti prima per ossigenarsi e versati nell'apposito contenitore di vetro, chi serve (ma solo chi serve) tiene il bicchiere con la mano sinistra leggermente inclinato e versa il vino.
- Non si puliscono, strofinandoli con il tovagliolo, bicchiere, piatto e posate.
- Versare il vino è compito degli uomini.
- Non si mette in tavola acqua minerale in bottiglia (tanto meno di plastica), ma la si versa in una brocca.
- Non si versa il vino sino all'orlo, ma si riempie un terzo del bicchiere.
- Stappando le bollicine non si fa rumore.
- Ci si pulisce la bocca prima di bere.
- Non si mischiano acqua e vino.
- Le bevande vanno sempre servite sulla destra.

- Quando vi si chiede se volete altro vino, non coprite il bicchiere con la mano; basterà dire «no, grazie» con un mezzo sorriso.

Le bottiglie di vino si stappano sempre al tavolo del cliente: regola ferrea, per il ristorante.

Curiosità: i vini in bottiglia si possono servire come in Svizzera, dove si usa coprire l'etichetta durante il servizio, oppure come è d'uso in Germania e in Francia, con l'etichetta visibile al cliente.

Sul punto 1 ho visto cadere anche i migliori, più che altro per distrazione.

Per quanto riguarda il punto 2, c'è un consistente numero di commensali che, appena seduti, si sentono in dovere di ispezionare il livello di pulizia di tutto il vasellame. Si tratta di igienisti, uomini o donne adulti con comportamenti ossessivo-compulsivi. Per loro è impossibile non dare una pulitina al bicchiere oppure, se l'habitat è un ristorante stellato, non resistono alla tentazione di sbirciare il retro del piatto per scoprire la marca. Non si fa. Punto.

Sul punto 6 siamo tutti deficitari, questo vale soprattutto per alcune signore che portano il rossetto. Ma a nostra discolpa dico: un conto è depositare untuosi rimasugli di cibo sull'orlo del bicchiere, un altro è segnare graziosamente il territorio imprimendo un impercettibile alone di rosso scarlatto sull'orlo del bicchiere.

La sequenza perfetta è: adagio le posate alle 19.20 (perché sto interrompendo il mio pasto, ma non ho finito), prendo il tovagliolo, mi pulisco le labbra, lo appoggio sulle ginocchia, prendo il bicchiere e bevo.

Poi ricomincio a mangiare. Facile, no?

Il punto 3 non l'ho dimenticato: è talmente importante che ne parlerò in un capitolo dedicato.

Ricordatevi poi di evitare assolutamente tutti quei cincischiamenti che certuni mettono in atto con i bicchieri e il vino: mischiano, gorgogliano, sputacchiano, schioccano la lingua, strabuzzano gli occhi, ingurgitano di colpo, bofonchiano con il vino sul palato. Sono gli «esperti» di vino. Che sono poi gli stessi recidivi che, invece di mangiare e lasciarvi mangiare in pace, tagliuzzano, piluccano dai piatti degli altri, dividono le porzioni in due, in tre, pontificano, insegnano, sgridano, correggono, fanno passaggi pericolosissimi da un piatto all'altro disseminando cibo su tutto il percorso.

Come ultima regola, fuori dall'elenco, aggiungo con un po' di imbarazzo, ma con motivata fermezza: non si rutta a tavola. Se succede, il « colpevole» e gli invitati faranno assolutamente finta di non avere sentito nulla.

L'invitato modello

Alcuni dei punti che leggerete di seguito vi sembreranno quasi umoristici, incredibili, addirittura paradossali, oppure talmente ovvi che penserete sia inutile elencarli. Ebbene, vi assicuro che, in qualità di osservatrice privilegiata della fauna attovagliata da anni ho potuto constatare che almeno l'80 per cento di coloro con i quali mi sono trovata a tavola ignora gran parte delle regole sotto descritte. Ma c'è di più. Capita spesso, specialmente con persone che non si conoscono, che all'inizio di un pranzo tutti si impongano una certa rigidità di comportamento e il rispetto delle regole base; ma dopo un paio di bicchieri di vino (ma accade anche agli astemi) le difese si allentano, quindi, superata la freddezza iniziale, tra i commensali subentra quella sorta di confidenza che mette in luce la vera natura di ciascuno. Quella famosa indole, che cadute le sovrastrutture e le maschere e, complice la convivialità, fa emergere anche i lati oscuri della nostra anima. Insomma, quando gli uomini si allentano la cravatta e le signore si sono mangiate il rossetto (che vedranno bene di ravvivare in privato), quello è il momento della verità. Dopotutto è il tema di questo libro: a tavola si conosce la vera natura degli esseri umani. E noi saremo lì in agguato.

Ecco un breve e sintetico elenco di regole d'oro per l'invitato/commensale perfetto: alcune cose la abbiamo già viste e alcune le ripetiamo, ma vi posso assicurare che, mai come in questo caso, *repetita iuvant*.

Un buon commensale si può definire tale se conosce e mette in pratica queste semplicissime regolette d'oro, che sono la *conditio sine qua non* per essere ammessi di buon grado a qualsiasi convivio. Questi sono i quindici comandamenti da insegnare ai vostri figli, da far ripassare ai papà e alle mamme, che faranno piacere ai nonni, al capufficio e ai fidanzati, alle suocere e ai colleghi. Limitatevi a rispettare queste regole (almeno dalla quinta in poi) e nessuno potrà mai dire di voi che vi comportate male a tavola. Dunque, un buon commensale:

- Non dice «buon appetito».
- Non fa cin cin al momento di brindare ma si limita ad alzare il bicchiere sorridendo.
- Aspetta che inizi a mangiare la padrona di casa.
- Non arriva in ritardo e mai troppo presto.
- Aspetta che tutti si siano serviti prima di buttarsi sul cibo.
- Non si alza ad aiutare la padrona di casa se non gli viene richiesto espressamente.
- Se si serve da solo, non usa le posate del servizio.
- Non parla con la bocca piena.
- Non si tocca, né gratta alcuna parte del corpo.

- Non chiede e non usa gli stuzzicadenti.
- Non si soffia il naso, né starnutisce nel tovagliolo.
- Non si china sul piatto, ma porta le posate alla bocca.
- Non beve senza essersi prima pulito le labbra.
- Non si infila il tovagliolo nel colletto.
- Non tiene il cellulare sul tavolo. E neppure lo usa nascosto dalla tovaglia.

Punto 1. Sarebbe meglio iniziare a mangiare senza augurare «buon pranzo» né «buon appetito». Diciamo subito che non è una grave mancanza, ma che possiamo tranquillamente dimenticarcene. Certo, se qualcuno esprime il fatidico augurio reagiremo con un semplice sorriso senza fare commenti.

Pronunciare questa formula è come dimostrare attaccamento per cose terrene quali il mangiare o le funzioni corporali. Insomma, dire «buon appetito» è come voler ridurre il momento di convivialità a pura soddisfazione di un bisogno primario. In famiglia, ciascuno si regola come vuole, ma il galateo è chiaro: non si dice. Negli Stati Uniti (come in Francia), per esempio, tale formula non è considerata una scorrettezza, e infatti questo paese non nasce da una struttura medioevale. Quando nobili e feudatari con una servitù numerosa organizzavano banchetti, per battute di caccia o cerimonie e festeggiamenti, si era soliti preparare enormi quantità di cibo, gran parte del quale dopo aver saziato i padroni veniva distribuito al personale di servizio e ai meno abbienti. La formula del padrone rivolta ai poveri era proprio il «buon appetito», che serviva per ingraziarsi i sottoposti e come segno di munificenza. Insomma, diciamo che quando la pronunciamo è come se dessimo dei «pezzenti» ai nostri commensali, e non è carino, soprattutto se a pronunciarlo è l'anfitrione.

Punto 3. È l'anfitrione che apre le danze. Dopo essersi assicurato che tutti siano stati serviti e si siano sistemati comodamente, fa un bel sorriso e comincia a mangiare.

Punto 6. Chiaro che si riferisce ai pranzi in casa privata: esiste un certo tipo di invitato che chiamerei l'invitato «premuroso», ed è molto diffuso. Anche se conosce appena la padrona di casa, si alzerà con i piatti sporchi in mano chiedendo agli ospiti di cosa hanno bisogno. È quello che entrerà direttamente in cucina e oserà, questo è davvero grave, aprire il vostro frigorifero, il che, come è ben noto, è uno dei gesti più indelicati, importuni e intimi che si possano commettere.

Al ristorante il Premuroso è quello che aiuta il cameriere, che prima che arrivi ha già raccolto le posate, quello che piega i tovaglioli e passa l'orlo dei bicchieri. Nei locali pubblici paghiamo perché qualcuno faccia questo per noi. Evitiamo, grazie. Si trovano tipi del genere tra le donne materne che escono poco: ecco, le rappresentanti di questa categoria spazzano la tovaglia raccogliendo le briciole, impilano i piatti e li passano al cameriere.

Punti 8/11. Li ho raggruppati perché hanno un comune denominatore: sono disgustosi. Molti di voi giureranno di non aver mai assistito a tali deplorevoli comportamenti, altri diranno che ne sono stati testimoni. In realtà, ci siamo completamente anestetizzati e non ci accorgiamo se non di quelli più evidenti. Per esempio, non facciamo quasi più caso a chi parla con la bocca piena, e magari lo facciamo anche noi. Anni fa mi ritrovai a mangiare in uno di quei bistrot con arredamento liberty ricco di specchi e rimasi scioccata: eravamo noi quei commensali rumorosi in fondo alla sala con le bocche piene e il mento un po' lucido? Ebbene sì. Donne e uomini poco educati si toccano parti del corpo a tavola, detto così sembra quasi sexy: ma non lo è, e con questo intendo sfregarsi il viso, la testa, togliersi capelli dai vestiti e così via. Vale una sola regola per tutto quello che riguarda i bisogni del corpo, cioè pruriti vari, fastidi diffusi, pulizie dentali e di altri orifizi, ravvivatine ai capelli e al trucco: tutto ciò va fatto rigorosamente in privato, cioè allontanandosi dal tavolo.

Chi soffre di pruderie non legga da qui in poi. Non esistono solo i toccamenti che ciascuno può operare sul proprio corpo, esistono anche i toccamenti reciproci, cioè i «piedini» e intrecci di mani e altre parti del corpo. Capita a volte di assistere con un misto di fastidio, invidia ed eccitamento a commensali che trafficano sotto il tavolo: non si fa. O meglio, si fa, solo se siete talmente abili da non farvi sorprendere. Durante le cene passionali tra innamorati ogni galateo sarà bandito, lasciando libero sfogo alle fantasie.

Punto 10. Questo punto merita un ulteriore approfondimento, intanto perché si tratta di una storia bellissima, poi perché fa capire come ciò che oggi consideriamo rozzo fosse, fino alla prima metà del Cinquecento, simbolo di prestigio. Tra i quadri del grande pittore bergamasco Lorenzo Lotto c'è una tela che ritrae una signora dal viso tondo e dagli abiti eleganti, riccamente ingioiellata; la tela è datata 1518. Il ritratto è detto «notturno» perché sullo sfondo si intravede un paesaggio lunare. Tra gli altri gioielli, la donna sfoggia una collana con un pendente che a prima vista sembra un corno portafortuna, ma in realtà è uno stuzzicadenti in corno incastonato in oro. Una chicca, insomma.

Ma chi era la «Dama con stuzzicadenti»? Il mistero si è svelato non da molto. Nel quadro c'è un vero e proprio rebus. Gli indizi sono una CI dipinta su una falce di luna e una B impressa su un anello indossato dalla dama. Ecco la soluzione: LU-CI-NA, il nome della donna. Si tratta di una ricca signora dal nome Lucina Brembati, attenzione ricca, non di sangue blu, che sfoggia un gioiello un po' pacchiano: uno stuzzicadenti, monile assai diffuso appena prima dell'avvento di Della Casa. Ciò testimonia che all'epoca le famiglie agiate (non nobili, però) lo usavano per pulirsi i denti durante il pasto. Il nostro Monsignore, come abbiamo visto, quarant'anni dopo circa lo bollerà come segno di volgarità. Se capitate da quelle parti, il Ritratto di Lucina Brembati è conservato all'Accademia Carrara di Bergamo.

Punto 12. Non è il capo che si avvicina al cibo, ma la forchetta che si avvicina alla bocca. Avevo un amico infallibile, che riusciva a mettere in relazione la curvatura del commensale sul piatto con l'estrazione sociale. 90 gradi? Figlio di professore universitario; 70? di impiegato. 45? classe operaia. Sotto i 30 gradi, bassa scolarizzazione. Dito mignolo alzato? Estrazione contadina.

Punto 14. Ho chiesto ad alcuni amici sparsi per la penisola di fare una semplice ed empirica indagine: contare quante persone infilano il tovagliolo nel collo della camicia.

L'esperimento si è svolto con un certo rigore, abbiamo identificato anche la fascia di prezzo dei locali: dai 20 ai 40 euro. Ovvio che quando sale il costo medio del pasto, diminuisce il numero dei nostri «indagati».

Ebbene, contati i coperti in sala, coloro che preferiscono tenere il tovagliolo al collo anziché sulle ginocchia sono circa il 30 per cento al Nord e il 40 per cento al Sud. In prevalenza uomini, e questo non solo perché il sesso debole (intendo gli uomini) è – credo – meno attento alle norme di buon comportamento a tavola, ma anche, e questo va detto, per motivi di abbigliamento: la camicia e la cravatta allentata facilitano l'odioso gesto di infilarci dentro il tovagliolo.

Punto 15. Nuovi tempi, nuove regole. La tecnologia a tavola non è ben vista, dal momento che la circostanza dovrebbe indurci alla convivialità e alla condivisione di cibo e valori. È vero, il cellulare non va sopra la tovaglia, ma soprattutto non va sotto il tavolo. Già, perché è proprio lì che avviene il più trafficato incrocio di onde e frequenze tra noi e il mondo esterno. A volte è difficile resistere a lungo alla tentazione di controllare se è arrivato un sms del fidanzato o della propria amata, ma trattenetevi il più possibile. In genere i cosiddetti VIP a tavola si comportano in modo abominevole, soprattutto i personaggi che sono diventati famosi per aver fatto televisione fortuitamente: per la maggior parte sono digitatori accaniti e compulsivi. Ricordo una sera, in un noto ristorante romano all'aperto, due commensali molto noti, un opinionista e direttore di un settimanale di gossip e un conduttore televisivo: ebbene, non fecero altro che messaggiare tutta la sera ignorando la conversazione. Il culmine venne raggiunto quando, spaventoso a dirsi e motivo di ribrezzo per ogni persona rispettosa del bon ton, uno di loro cominciò a far leggere i messaggi sul proprio cellulare inviati da una nota starlette.

Appunto, c'è di peggio di messaggiare a tavola, ed è far leggere i messaggi privati agli altri commensali. È ammessa una sbirciatina a metà cena alle mamme un po' ansiose, alle adolescenti in odore di fidanzamento, ai padri in attesa; ma messaggiare per tutta la cena è intollerabile e maleducato. Al limite, dopo aver chiesto il permesso, allontanatevi da tavola e controllate il vostro cellulare in privato e in tranquillità.

La buona conversazione

Tempo fa, per esercitarmi a scrivere un dialogo, ho provato a registrare qualche conversazione rubata in treno. Ebbene, ho scoperto che i dialoghi nella realtà sono completamente differenti da quelli in letteratura. I primi sono sconclusionati e i secondi servono a far progredire la trama. Se ci fate caso, nella maggior parte dei «botta e risposta» ciascuno parla solo e quasi esclusivamente con se stesso.

Thomas Bernhard, in *Perturbamento*, fa sostenere al principe Saurau che ognuno dei dialoganti non fa nient'altro che seguire il proprio argomento. Non solo, pensa che durante ogni conversazione ciascuno cerchi di spodestare l'altro dall'autorità che acquisisce prendendo la parola.

È vero. Infatti, siamo in grado di entrare davvero in comunicazione con l'altro quando spezziamo lo schema che ci impone un copione. Quando riusciamo per un attimo a uscire da noi stessi, ecco che si compie il piccolo miracolo della buona conversazione. Già sarebbe una buona cosa ascoltare.

Ignoriamo per un momento il tête-à-tête della cena romantica, che risponde ad altri criteri e di cui ci occuperemo più avanti. Concentriamoci sulle tavole con otto commensali, il numero ideale per seguire un discorso (di più è umanamente impossibile!).

La prima cosa cui dovete fare caso, durante qualsiasi tipo di conversazione, è dove si indirizza lo sguardo di chi parla: quella è la persona alla quale si attribuisce più importanza. Diciamo che ogni volta che si apre un dialogo tra più di due persone, ciascuno di noi sceglie inconsciamente sempre e soltanto un interlocutore.

Un esempio di buona conversazione nella letteratura ce lo offre Jane Austen, in alcuni dialoghi tra Elizabeth e Darcy in *Orgoglio e pregiudizio*.

Se ci pensate, gli argomenti sono sempre gli stessi e, se è un po' cambiato l'accanimento delle madri nel voler maritare le figlie (ma non in tutti i paesi), non sono cambiati poi tanto i temi di conversazione. Soprattutto non sono mutati gli argomenti tabù, le famose «tre esse»: soldi, sesso, sport. Un ritmo di conversazione che adoro è del genere *Le relazioni pericolose*, il romanzo epistolare capolavoro di Laclos.

Nel cinema, le mie conversazioni preferite sono quelle dei film di Woody Allen, uno su tutti *Manhattan*. Ecco tre esempi del suo modo di dire alle donne che sono speciali.

A Tracy: «Senti, tu sei la risposta di Dio a Giobbe: sai, avresti messo fine a tutte le discussioni tra loro. Dio avrebbe indicato te e detto: 'Faccio tante cose tremende, ma ne so fare anche come questa, sai'. E Giobbe avrebbe detto: 'Okay, hai vinto'».

A Mary, in taxi: «Sei così bella che faccio fatica a tenere gli occhi sul tassametro».

Infine a Jill, l'ex moglie: «Il mio analista mi aveva avvertito, ma tu eri così bella che io cambiai analista».

Ah, come sarebbe stimolante avere interlocutori tutti così spiritosi, acuti, sferzanti e sempre all'altezza. Difficile: quanto credete possa durare una conversazione senza una buona spalla? Diventerebbe subito un monologo. Quindi meglio non strafare e accontentarsi di *non essere noiosi*. Anche se il problema per le persone noiose è solo uno: non si accorgono di esserlo. Aveva ragione Aristotele quando ammoniva: «Pensate da uomini saggi, ma parlate da gente comune», anche se, in realtà, più che la saggezza, al buon conversatore necessitano l'arguzia e la prontezza di spirito.

Se peccassimo meno di onnipotenza parleremmo meno di noi stessi e ascolteremmo di più.

Alle «tre esse» vietate si devono aggiungere la politica, i pettegolezzi, le persone assenti e così via. La lista completa e commentata è a fine capitolo, ora vorrei soffermarmi sul ruolo fondamentale dell'anfitrione nella conversazione a tavola.

Basti ricordare il principio base da cui nasce qualsiasi norma di bon ton: non mettere a disagio gli altri. Se ci ispiriamo a questo principio eviteremo gaffe e brutte figure e soprattutto la noia: il nemico numero uno della conversazione e della tavola.

Tutto dipende dalla capacità dell'anfitrione di deviare da discorsi pericolosi, lusingare i più permalosi, tacere una brutta notizia, suggerire ai timidi, frenare gli egocentrici, fare la battuta giusta, conoscere le pause, ridere per sdrammatizzare. E soprattutto sta a lui rendere i temi di conversazione leggeri senza essere superficiali: compito difficilissimo.

Prendiamo in considerazione i nemici più agguerriti della buona conversazione: disagio, narcisismo, tempi.

Disagio. È quello stato psicologico che non ci fa star bene perché ci crea imbarazzo e ci fa sentire inadeguati e sotto esame. Un buon anfitrione deve temerlo più di ogni altro pericolo.

Narcisismo. Il narcisismo ci spinge a parlare di argomenti di nessun interesse per i nostri commensali. Chiediamoci sempre: quanto può interessare quello che sto raccontando alle persone sedute a questo tavolo?

Tempi. Nessuno sbadiglierà se raccontiamo un brevissimo aneddoto e se scambiamo qualche battuta sul nostro ultimo viaggio in Turchia, ma un resoconto dettagliato di quindici minuti su come siamo riusciti a trovare parcheggio farebbe russare qualsiasi interlocutore. Non siate logorroici e accentratori. L'unica eccezione è il narratore professionista, ma di quelli ce ne sono pochi. E poi, l'affabulatore di mestiere può, con il tempo, diventare insopportabile. Non c'è nulla di peggio che avvertire tra le righe un commensale che parla per ascoltare se stesso e non per comunicare.

Ecco perché è fondamentale imparare a conoscere il linguaggio del corpo: sapremo la verità riguardo il livello di interesse che il pubblico prova nei confronti del nostro racconto. Purtroppo la maggior parte di noi, e soprattutto gli uomini, ignorano questi messaggi e continuano imperterriti a parlare anche se non hanno nulla da dire.

Del resto aveva capito tutto Leopardi, che già duecento anni fa aveva focalizzato il problema: «Parlando, non si prova piacere che sia vivo e durevole, se non quanto ci è permesso discorrere di noi medesimi, e delle cose nelle quali siamo occupati, o che ci appartengono in qualche modo. Ogni altro discorso in poca d'ora viene a noia; e questo, ch'è piacevole a noi, è tedio mortale a chi l'ascolta... La conchiusione è che nella conversazione quasi inevitabilmente il piacere degli uni è noia degli altri» (G. Leopardi, *Pensieri* XXI).

Ecco invece le tipologie più comuni e più deleterie, che il buon anfitrione deve essere in grado di riconoscere per disinnescare: i conversatori killer.

La mamma ansiosa o la gravida fetocentrica. A tavola parla continuamente dei propri figli, dagli amori segreti al rendimento scolastico del figlio adolescente. Se è incinta, diffonde continuamente informazioni non richieste sulla gravidanza; se ha figli piccoli, il tavolo è rovinato: pannolini e pappe saranno gli argomenti all'ordine del giorno.

Il viaggiatore incallito. È davvero interessante avere amici che viaggiano e che possono riportare i racconti di itinerari esotici anche a noi, comuni mortali che al massimo siamo andati a Lugano. Ma da lì a monopolizzare la serata, ce ne vuole. Attenzione: i viaggiatori incalliti sono gli stessi che vi impongono a oltranza la visione delle foto delle vacanze.

Il critico gastronomico o il cuoco mancato. Lo abbiamo

già incontrato tra gli ospiti un po' scomodi. Lui ha una frustrazione, quella di non essere pagato per raccontarci le sue esperienze di ristorazione. In genere, sputa sui ristoranti di alta cucina e sulle guide gastronomiche, soprattutto sulla cucina d'avanguardia. Lo fa con la perfidia di quelli che non se la possono permettere o non la capiscono. Lui quel piatto lo sa fare meglio, quel formaggio lo trova più buono da un altro fornitore, quel vino lo conosceva già tre anni fa, quel tipo di pane lo trova scadente eccetera.

La moglie tradita che sa di esserlo. La moglie tradita che sa di esserlo non ha il coraggio di affrontare la verità con se stessa e tanto meno con il coniuge fedifrago. Quando è sola con lui o in famiglia cerca di controllarsi, ma quando è in pubblico si scatena e approfitta della situazione per rinfacciare, ferire, punzecchiare a morte il partner. Esiste una sottocategoria di maschi traditi che sospettano di esserlo, ma sono rarissimi, perché le donne, in questo campo, possiedono quella punta di crudeltà in più. Accettano di essere cornute piuttosto che perdere il privilegio di torturare una vittima. Secondo, perché l'uomo non riesce quasi mai a vivere con la certezza di essere «cornuto» (con il sospetto, sì).

Il single appena lasciato dalla moglie. Se siete riusciti a trascinarlo fuori casa con quel muso lungo, siete delle/dei crocerossine/i. Il marito separato con minaccia di elevato assegno alimentare lo riconosci subito a tavola: o non parla perché è sull'orlo della depressione, oppure tiene comizi molto aggressivi contro le donne che lasciano i mariti e la categoria degli avvocati.

Lo so che avete un'amica vergine di quarant'anni che volete sistemare e il single-appena-lasciato-dalla-moglie è un candidato ideale, ma sappiate che non contribuirà più di tanto alla buona riuscita della conversazione.

Il cacciatore di consulenze gratuite. Di norma lo individuate così: lo hai appena conosciuto, sei appena passato al tu dicendogli che sei dentista e lui con nonchalance spalanca la bocca a due centimetri dalla tua e dice: «Scusa se ne approfitto, ma secondo te questa otturazione tiene ancora un po'?» Se sei commercialista sarà una nuova ordinanza su cui chiedere informazioni, se sei dermatologo ti farà vedere un eritema sul fianco eccetera. I medici sono le vittime ideali del cacciatore-di-consulenze-gratuite. Il bon ton raccomanda di chiarire le proprie perplessità in un luogo appropriato, a tempo debito e soprattutto dietro compenso.

Il compulsivo delle barzellette. Raccontare bene una barzelletta è una vera arte, e anche piuttosto rara. A meno che non siate un professionista, volete davvero giocarvi tutte le vostre carte per catturare l'attenzione della ragazza seduta di fronte a voi raccontando una barzelletta? Meglio trasformarla in una semplice battuta. E, se qualche recidivo non sa rinunciare alla barzelletta, gli altri commensali, per primo l'anfitrione, faranno il piacere almeno di sorridere. Avviso dedicato alle signore: se la barzelletta si dimostra davvero gustosa, evitate di ridere rumorosamente e in maniera sguaiata. Sugli uomini ha un terribile effetto di allontanamento.

In genere queste signore hanno anche la cattiva abitudine di parlare con un tono di voce piuttosto alto; cercate di evitare, è molto maleducato. Non bisbigliate, però. Modulare il tono e la voce è un'arte. Mia nonna diceva che è più facile imparare a scegliere un vestito che a domare le proprie corde vocali.

L'interlocutore manolunga. Può essere anche una donna e si riconosce dalla sua completa e testarda noncuranza nell'ignorare le regole della prossemica, quelle regolette di cui abbiamo già parlato. Ebbene, l'interlocutore-manolunga vi parla troppo da vicino, e anche se voi arretrate continua ad avvicinarsi. È un po' viscido e spesso adulatore. Ma la cosa più fastidiosa sono quei continui colpetti che vi dà per richiamare la vostra attenzione e quelle gomitatine allusive che in genere dissemina durante la noiosa conversazione. Ma l'invadenza continua a livello verbale: di solito, dopo tre minuti che vi conosce vi appioppa subito un grazioso e confidenziale diminutivo e con quello vi chiamerà per tutta la serata.

Il tuttologo. Nulla innervosisce e fa sentire inadeguati più della supponenza di chi fa credere agli altri di sapere tutto. Lui/lei conosce gli onomastici di tutti i parenti di terzo grado, le date delle guerre puniche, la soluzione dei vostri problemi familiari, economici, sessuali, domestici, di salute. Lui/lei sa come risolvere la crisi economica mondiale, come mai lo spread è sceso, perché si è fermato l'ascensore nel vostro condominio: sa tutto.

Il pettegolo impenitente. Inserisco la tipologia al maschile, perché sarebbe stato banale declinarla al femminile, inoltre ho scoperto che nell'arte del pettegolezzo gli uomini eccellono. Il suddetto non riesce a seguire una normale conversazione senza inserire una miriade di cattiverie su parenti, amici e perfetti sconosciuti. Il tutto senza smettere un secondo di messaggiare con il cellulare.

Concludo citando uno dei soliti infallibili detti popolari di mia nonna: chi parla male degli altri con te, parla male di te con gli altri.

Come sempre, a fine paragrafo, riassumiamo le regole:

- Non peccare di narcisismo. Attenzione: abitudine molto diffusa tra gli scrittori, gli accademici e i docenti universitari.
- Anche l'argomento più interessante deve avere i suoi tempi. Brevi.

- Argomenti come il tempo e il traffico, massimo due minuti.
- Non si interrompe chi parla.
- Non si parla di cose private (per esempio problemi economici o abitudini sessuali).
- Non ci si vanta (di soldi, conquiste eccetera).
- Non si parla, né si fa ironia sulle persone assenti, e presenti.
- Non si parla di politica.
- Non si parla di sport.
- Non si parla di religione.
- Non si parla di persone sconosciute ai commensali.
- Mai ignorare completamente un commensale.
- Non si parla «troppo» in dialetto, con tante parole in inglese o in maniera molto tecnica.

Ricordando bene ciò che è stato detto in precedenza riguardo ai «tempi», e soprattutto facendo attenzione se l'argomento che abbiamo introdotto provoca interesse negli altri, impariamo a leggere i segnali del nostro interlocutore: se guarda ripetutamente l'orologio sbuffando, forse si annoia.

Si potranno affrontare brevemente discorsi inerenti a:

- Tempo atmosferico.
- Salute (senza entrare nei dettagli).
- Fatti di attualità (non politica).
- Film, teatro, spettacoli visti e non.
- Libro letto o che si vuole leggere.
- Fatti curiosi accaduti.
- Professione, ambiente di lavoro.
- Amicizie in comune.
- Vacanze e gite vissute o programmate.
- Progetti, speranze e desideri (solo se si è già in confidenza).

Prima di chiudere, qualche altra riflessione sul buon conversare. Purtroppo riesce più facile tratteggiare il pessimo interlocutore che il migliore. Ecco tre cose che trovo insopportabili in un interlocutore e che sono riuscita a vedere riunite in un solo uomo: serata memorabile.

Primo posto assoluto: chi ti fa una domanda, fingendosi interessato a ciò che ti riguarda, e poi cambia discorso senza aspettare la risposta.

Secondo posto: chi si intromette nelle conversazioni altrui senza essere interpellato.

Terzo posto: chi sbaglia i congiuntivi e continua a sbagliarli anche dopo che è stato corretto.

L'interlocutore ideale:

- È in sintonia.
- Alterna momenti in cui si apre e comunica a momenti in cui ascolta attivamente.
- Usa un tono cordiale, convincente, affascinante.
- Riesce a «farti volare» raccontandoti anche il meteo.
- Ti guarda negli occhi, senza giudicare.
- Ti fa sentire l'unica persona presente nella stanza.

Come dice Cicerone: «Neque enim disputari sine reprehensione potest» (*De finibus*, I, 18), ossia non c'è conversazione senza contradditorio. Un po' di dibattito è l'ideale, basta che sia moderato e arguto, anziché aggressivo e polemico. Nei *Saggi* di Montaigne si trova sempre l'osservazione giusta per ogni situazione. Montaigne, si sa, era un grand'uomo, ma non un campione di femminismo. Tuttavia, questa affermazione potrebbe riferirsi tranquillamente anche al mondo femminile: «Mi piace, tra galantuomini, che ci si esprima coraggiosamente, che le parole vadano dove va il pensiero. Bisogna irrobustire il nostro udito e indurirlo contro la dolcezza del suono cerimonioso delle parole». E aggiunge, un po' trasgressivamente, riguardo alla conversazione: «Mi piace una dimestichezza e una familiarità forte e virile, un'amicizia che si compiaccia dell'asprezza e del vigore della sua pratica, come l'amore di morsi e graffi sanguinanti». Capito?

Bambini, animali e altre amenità

La mia posizione nei confronti dei pargoletti a tavola si può tendenzialmente sintetizzare con un: «Bambini a tavola? No, grazie». Già immagino lo sguardo sprezzante e indignato dei lettori perbenisti che vedono accomunare nel titolo di questo paragrafo i minori agli animali. In realtà, a pensarci bene, non hanno poi molto in comune.

Mi capita più spesso di vedere scodinzolare sotto i tavoli, con gran pena dei camerieri, maleducati mocciosi piuttosto che cuccioli di cane. E non solo. In caso di intemperanza delle due categorie in questione, animali e bambini, i padroni dei primi in pubblico sono molto più severi di certi genitori, la cui frase anche davanti a comportamenti inaccettabili è: «Ma insomma, sono bambini!» In breve, molto spesso i più educati sono i cani e i loro padroni (in questo ordine).

Detto questo, gli animali nei luoghi pubblici al chiuso non dovrebbero entrare, questione di igiene e di buona educazione. Questo non significa che dovete lasciarli chiusi in macchina a boccheggiare. Un San Bernardo accovacciato sotto un tavolino della misura standard a Milano d'inverno è pura follia, mentre un brunch in uno spazioso dehors di Parigi a maggio con il proprio barboncino è un incanto.

Impensabile presentarsi con il proprio cane a cena da

amici senza averli avvisati e tanto meno organizzare un pranzo e lasciare gli animali liberi per casa. Pesi, misure, buonsenso; ricorriamo ai soliti buoni consiglieri.

La posizione è molto chiara: obbligare bambini (sotto i dodici anni) a cene e pranzi formali mi sembra una piccola crudeltà e una mancanza di rispetto, prima nei loro confronti e poi nei confronti degli altri commensali. E non mi riferisco, naturalmente, a quelle belle adunate familiari che riuniscono allo stesso tavolo più generazioni, ma agli inviti tra amici adulti, che magari iniziano a cenare alle 21.30 e obbligano la compagnia a adeguare cibi e discorsi alla presenza di minori.

I padroni di casa si organizzeranno in maniera che i più piccoli possano mangiare prima o, ancora meglio, in un tavolo a parte. Con un po' di diplomazia bisogna far passare il messaggio che mangiare da soli non è un una ghettizzazione, ma un privilegio.

Ovviamente ci sono le eccezioni. Bambini perfetti, composti e educati ne esistono, ma qui ci riferiamo alla maggioranza, che tra parentesi mi è più simpatica.

Insopportabili, a dire il vero, sono i bambini già incivili a dieci anni: i ristoranti ne sono pieni. Ragazzini arroganti che ti urtano quando passano, si sbrodolano, trangugiano e ridono con la bocca stracolma, danno ordini ai camerieri, si puliscono nell'avambraccio e concludono il pasto sonoramente sono all'ordine del giorno. Ma il fatto davvero scandaloso è quanto i genitori sottovalutino la loro maleducazione. Possibile che non riescano a immaginare i loro pargoli da adulti al tavolo presidenziale di una cena di gala, o in una delegazione di rappresentanza di una società o semplicemente alla prima cena a casa dei suoceri? Come possono ignorare che quei comportamenti giudicati da loro benevolmente, saranno proprio quelli che in futuro denunceranno in maniera inequivocabile la loro natura di cafoni?

Mi sembra perfetta per concludere la frase dell'ammiraglio inglese William Penn: «Gli uomini prestano più attenzione alla razza dei loro cavalli e dei loro cani che a quella dei propri figli».

Consigli utili per chi ha figli

- Uscire di tanto in tanto con gli amici o in coppia per rilassarsi o per una cena romantica lasciando i figli a casa con i nonni o con la baby-sitter è un vero toccasana per la vita di coppia. E per loro.
- Se volete andare al ristorante con i figli, abbiate l'accortezza di sceglierne uno adatto sia per gli spazi che per il menu, ma soprattutto per l'atmosfera generale. Mettetevi nei panni della coppietta al tavolo vicino e pensate se vi farebbe piacere avere gli occhi e le orecchie di un ragazzino appiccicati addosso.
- Se organizzate una cena con gli amici, prevedete una portata e un angolo dedicato ai bambini o ai ragazzi: si divertiranno di più.
- Se optate per uscire in un locale adatto a loro, portatevi comunque un foglio e delle matite. In molti paesi del Nord Europa, per esempio, è normale che la tovaglietta sia un foglio bianco e che le mamme vengano dotate di una bella scatola di pastelli colorati.
- Se vostro figlio è maleducato a tavola chiedetevi: da chi ha preso esempio?
- Non sgridateli davanti a tutti mettendo a disagio l'intero ristorante; fatelo a casa con calma con un semplice trucco: sedetevi a tavola e mimate, esagerando un po', il loro comportamento. Vedersi «dall'esterno» sarà molto utile.

Il gioco del bon ton con i bambini

I bambini credono nell'importanza delle regole più di molti adulti, quindi non faticheranno a capire cosa significano galateo e bon ton. Ma è ovvio, la loro modalità di apprendimento privilegiata è il gioco. Ecco allora «Il gioco del ristorante»: apparecchiate con cura la tavola e fingete di trovarvi lì; è un gioco di ruolo e si divertiranno molto. Poi farete capire loro che le stesse regolette dovranno essere applicate anche a casa, la vostra e quella degli altri; l'obiettivo è far risultare tutto naturale e divertente.

La cosa da evitare assolutamente è che il momento del pasto diventi causa di stress per i bambini: questo cristallizza uno stato d'animo che potrebbe trascinarsi per sempre.

Ecco i messaggi da far passare:

- Quando è pronto, si va a tavola e si smette subito di giocare.
- Ci si lava le mani (utile anche per gli adulti).
- Non si gioca a tavola, né con il cibo, né con le posate.
- Si sta seduti correttamente, eventualmente aiutati da un cuscino.
- Si dicono sempre «per favore» e «grazie».
- Le posate si impugnano in modo corretto.
- Prima di dire non mi piace, si assaggia.
- Non si dice: «Che schifo!»
- Non ci si alza da tavola se non si è finito di mangiare.
- Prima di alzarsi da tavola si chiede il permesso.

La battuta migliore che unisce bambini e animali è ancora una volta di Woody Allen: «Quando ero piccolo i miei genitori mi volevano talmente bene che mi misero nella culla un orsacchiotto. Vivo».

Definire gli anziani è pericoloso. In una società che invecchia sempre più e dove un figlio lascia la casa paterna a trent'anni (se va bene) si tende a considerare un uomo «maturo» a sessant'anni e anziano a ottanta. Per le donne è diverso, ma questo è un altro (obsoleto) discorso.

I vecchi si dividono in due categorie: quelli che con gli anni fanno emergere il peggio di sé e quelli che sublimano i difetti in saggezza. I primi, e quelli che per vari motivi non sono autosufficienti, dovrebbero limitare i pranzi ufficiali e le uscite informali. Pensate al nonno indisciplinato di *Amarcord*, tanto per intenderci. I secondi sono la salvezza di tante serate noiose. Con un po' di furbizia si riesce a farsi raccontare storie incredibili, ricordi di infanzia, di cibi e di persone speciali. Evviva i vecchi (e chiamiamoli con il loro nome, per una volta): l'unica parola d'ordine utile per frequentarli è «rispetto». Il gusto è l'ultima cosa che ci lascia e di questo senso continuiamo a godere sino alla morte: più invecchiamo e più amiamo stare a tavola. Ricapitolando, sì ai vecchi a tavola quando sono autosufficienti, no alle cene formali quando turberebbero gli altri invitati.

5. Dalle 20 alle 24. Poche ore insieme a tavola per capire tutto (o quasi) di lui/lei

Questo capitolo è dedicato ai tavoli da due. E questo è il primo comandamento: non iniziate mai una relazione con un partner senza averci mangiato insieme almeno una volta.

Ci avete mai fatto caso? Quell'intervallo dal tramonto a mezzanotte è un lasso di tempo perfetto e utilissimo per raccogliere un buon numero di informazioni sulla persona che ci interessa. Se abbiamo accettato un invito a cena, approfittiamone. Si può accorciare di un paio di ore, si può allargare l'invito a una terza persona, ma la cosa importante è riuscire a portare la vostra «vittima» su un set, l'unico assolutamente perfetto per conoscerla a fondo: la tavola. Ciò che conta è che, tra i due commensali, seduti l'uno davanti all'altro, si crei uno stato di intimità (succede quasi sempre) tale da dissolvere ogni barriera. Lentamente e con l'esercizio sarete in grado di cogliere dopo una sola cena la vera personalità del vostro convitato.

La prima tesi di questo libro è che noi italiani a tavola siamo piuttosto maleducati, la seconda è che la tavola e l'atto di mangiare insieme rappresentano il momento e la circostanza ideale per far emergere la vera natura di un individuo.

È vero, qualcuno potrebbe dire che stare insieme in due significa anche andare al cinema, visitare una mostra o passeggiare in un parco… Certo, ma tutte queste azioni non sono lontanamente paragonabili all'esperienza di consumare un pasto insieme.

In tutte le culture, appena un essere umano prova interesse per un altro, uno dei due propone di condividere del cibo. Può essere l'uomo a invitare la donna o viceversa, la coppia può essere formata da due uomini o da due donne: non ha importanza, potete applicare molte di queste note in qualsiasi caso.

Prendiamo in esame, solo per comodità e perché è il caso più comune, l'uomo che invita una donna.

Il lui che invita una lei:

- Si offre SEMPRE di andarla a prendere a casa.
- Le chiede se ha un locale preferito.
- Non arriva MAI in ritardo al primo appuntamento.
- Non tira il «bidone».

Mentre a sua volta, lei:

- Cercherà di mostrarsi il più possibile indipendente negli spostamenti.
- Eviterà di scegliere un ristorante a tre stelle, a meno che lui non sia ricchissimo.
- Eviterà di farsi aspettare per più di dieci minuti.
- Eviterà di ordinare i piatti più costosi, a meno che non debba vendicarsi di un tradimento subito. In questo caso consiglio di agire sulla carta dei vini: dà più soddisfazione.
- Non tira «il bidone», mai.

È evidente che, già dal modo in cui avviene l'invito, potrete capire molto.

Per le donne. Se al primo incontro lui vi dice: «Ti porto al cinese sotto casa, menu a venti euro vino compreso. Vieni tu, così non sposto la macchina e non perdo il parcheggio» siete autorizzate a declinare, a meno che non ci teniate a mantenere la vostra autostima a livelli bassissimi. E non cedete alla tentazione di accettare neppure se l'ultimo invito è stata una cena dell'oratorio per i single del quartiere due mesi prima.

Per gli uomini. Se al primo incontro lei vi dice: «Non guido e non ho la minima idea di dove sia questo posto. Se pioviggina, poi, i capelli mi diventano crespi e mi secca prendere un taxi. Non portarmi al cinese che sono allergica al glutammato, del sushi non mi fido e dai siciliani non digerisco la caponata. Non è che posso portare anche mia cugina così mi dà uno strappo?» non potete darvi malato, ma alla fine della serata siete autorizzati a pronunciare la fatidica frase: «Ti chiamo io».

Inutile dire che, se lui viene a prendervi in auto, siete a cavallo. Soprattutto per gli uomini, l'automobile è un'emanazione della propria casa, e un prolungamento del proprio organo genitale, si sa. Non è solo una facile battuta, ma un indizio quasi infallibile. La cilindrata di un'auto per un uomo è inversamente proporzionale alla sua sicurezza sotto le lenzuola. Mai generalizzare, d'accordo, quindi sappiate solo che, con un'auto di lusso ingiustificata, si cerca (si crede) di colmare un vuoto da qualche parte: tutto qui. E questo si può applicare anche alle signore. Ma torniamo al nostro lavoro di detective. Ovviamente, seduta accanto a lui/lei mentre guida, potrete raccogliere indizi.

- Guida piano, in modo rilassato?
- Rispetta le regole? Guida veloce, da spericolato/a?
- Che musica ascolta?
- L'interno dell'auto è pulito?
- Ci sono libri, riviste?
- Ci sono segni di bambini o mogli sui sedili posteriori? Tracce di presenze femminili?

Arrivati al ristorante non bisogna pretendere che lui scenda ad aprire la portiera e, in verità, a molte donne la cosa quasi infastidisce. È invece molto apprezzato e, tra l'altro, previsto dal galateo che in un locale pubblico entri prima l'uomo. Abbiamo già incontrato questa regola. Lo so, vedo già le amiche neofemministe sorridere a questo verbo: passate oltre.

In genere, se il tragitto sino al ristorante non è lungo non si va in bagno subito, ma è interessante vedere se lui/lei vi dirà: «Devo lavarmi le mani» e soprattutto sarebbe utile se lo facesse davvero. Infatti sappiamo che con questa espressione il più delle volte si esplicano altre funzioni o semplicemente si va per sistemare il trucco (ma per le donne, in genere, avviene a metà cena). Se va in bagno per lavarsi effettivamente le mani, e se lo fa più volte in una sera, siamo di fronte a un comportamento ossessivo-compulsivo: meglio stare alla larga dai rupofobici, come amanti non sono un granché.

Per quanto riguarda la posizione da prendere all'interno del ristorante, è ovvio che se il vostro accompagnatore si precipita al posto migliore (quello che domina la sala) ignorandovi completamente, la serata inizia male. I posti peggiori sono quelli rivolti al muro, quelli vicino a una stufa, al bagno, alla cucina, in un angolo, dietro a una colonna, accanto alla porta d'ingresso, i più stretti, i più scomodi, a cavallo tra due tavoli. Ecco, tutti quelli sopra elencati dovrebbero essere subito identificati e scelti da lui, a titolo di sacrificio.

Sempre l'uomo indica il tavolo e chiede: «Va bene qui?» Se lei dice sì, lui aiuta la signora a togliersi il cappotto, se c'è, e sposta la sedia per farla accomodare. I posti migliori, come abbiamo già detto, sono quelli con le spalle al muro.

L'uomo chiede la carta. Questo dovrebbe essere il primo incontro-scontro con il personale di servizio. Attenzione, il modo in cui il nostro ospite si rivolge ai camerieri è indicativo e utile al nostro scopo. Quando entra nel locale assume quell'aria vissuta e di bon vivant, un atteggiamento «di parità» con i proprietari e di sufficienza con i camerieri? È un sintomo preoccupante. Una bella signora romana, di famiglia nobile, mi raccontò che decise di non dare una terza possibilità al corteggiatore ricco e belloccio perché si ostinava a dare del tu alle cameriere di colore. E non si limitava a queste cadute di tono, spesso aggiungeva un paio di battute micidiali come quando disse: «Certo che voi sì che giocate bene a basket» a un nepalese, alto un metro e sessanta.

Ancora. Ricordo benissimo l'arroganza con cui una conoscente si rivolse a una bella cameriera immigrata in un noto locale milanese. Per non farsi capire fece un perfido commento in inglese sull'abito della ragazza la quale, con tranquillità, rispose in perfetto italiano: «Credo che anche lei farebbe fatica a vestirsi in modo decente, se dovesse pagarsi gli studi universitari e mantenere un fratello disabile», e girò i tacchi portandosi via una pila di piatti sporchi.

Allo studio della carta delle vivande, l'analisi si fa più interessante.

Come affronta la scelta dei piatti? È sicuro e ordina senza esitazioni? Vi aspetta, vi consiglia? Decide per voi?

A ogni risposta corrisponde un piccolo tassello.

Ci sono donne che tendono a adeguarsi ai piatti del maschio, o viceversa. Di certo chi ha una forte personalità, diciamo anche gastronomica, si renderà conto di quanto riesce a influire sugli altri nella scelta dei piatti.

Poi è il momento della scelta del vino: spesso spetta agli uomini. Oggi molte donne sono appassionate e possono prendere l'iniziativa, l'importante è che non diventino insopportabili parlando tutta la sera di vino.

Le tipologie di commensale al momento di ordinare non sono poi tantissime, cerco di sintetizzarne alcune.

La signorina senza e con. La comanda delle signorine-senza-e-con si manifesta con una iniziale lungaggine nello studiare la carta, almeno una decina di minuti. All'arrivo del cameriere, il soggetto tende a ordinare i piatti come sono riportati dal menu, ma con una serie infinita di varianti, e cioè togliendo e aggiungendo ingredienti, sino a che il cameriere, spazientito, ha una crisi isterica. Esempi. «Per me, mezza costoletta alla milanese, ma invece che cotta nel burro chiarificato la vorrei cotta nell'olio extravergine del Garda. Senza pomodorini, ma con due ravanelli. Un quarto di porzione di tagliere misto di salumi senza giardiniera e senza finocchio. Potrebbe sostituire la coppa con una fetta di bresaola? Però me la porti a parte in un piatto piccolo. E bianco. Ah, scusi, dimenticavo, la mousse di castagne la potrei avere senza castagne?» Sono quelle del pesto senza aglio e della crostata senza burro. Ovviamente i camerieri le adorano.

Il raspellomane. Il nome prende spunto dal critico gastronomico Edoardo Raspelli, il quale, essendo un amico, non me ne vorrà se lo chiamo in causa. Il tipo o la tipa in questione tempesta il povero cameriere con un'infinità di domande sulla provenienza delle materie prime e, se la cosa per il noto conduttore è lavoro, per tutti gli altri commensali diventa pedanteria. Esempi. «Buoni questi grissini, dove li comprate? E l'agnello da dove viene? E questo Parmigiano, di quanti mesi è? Questo sale dove viene estratto? E questo culatello, dalla coscia destra o sinistra?» E poi seguono consigli di gestione del ristorante, trucchi per lo chef, seguiti da un «qui manca qualcosa».

Il faccia-lei. Esiste un certo tipo di commensale talmente pigro o indeciso da non voler neppure concentrarsi sui piatti in carta. In realtà, è davvero accomodante e preferisce affidarsi completamente o al partner, al quale lascia l'incombenza di decidere i piatti, o direttamente al cameriere. Di norma è un commensale molto distratto e quasi completamente disinteressato al cibo: indizio non trascurabile. Attenzione, di solito è abitudinario e, una volta provato un piatto al ristorante, chiederà: il solito.

La comanda dispotica. Certamente vi sarà capitato di trovarvi a tavola con un commensale affetto da «comanda dispotica». Ne ho conosciuti per lo più di appartenenti al sesso maschile che, senza minimamente interpellarvi e dopo aver scelto loro il ristorante, il parcheggio e dopo avervi fatto pervenire come desiderio personale che avrebbero gradito una gonna anziché il pantalone, al momento di ordinare, prima ancora che voi siate riuscite a leggere un menu, ordinano per voi l'intera cena con una naturalezza disarmante. Esempio: «Due spaghetti ai frutti di mare, una grigliata mista e un'insalata scondita. Ti va bene, vero?» E se, stupita, voi ribadite: «Per chi l'insalata scondita?» Lui risponderà: «Per te, cara, così butti giù qualche chilo».

I finti-a-dieta. Nessuno ha ancora capito come mai i soggetti che sono (perennemente) a dieta si ostinino ad accettare inviti al ristorante e in case private. State a casa, rimettetevi in forma e poi uscite, no? Ecco un ordine tipo del finto-a-dieta, che, di norma, raggiunge il culmine al momento del dessert. «Senta, ci sarebbe un gelato dietetico, che ne so qualcosa a base di ananas, che sgrassa? Oppure una torta fatta con la margarina o un tiramisù fatto con il mascarpone di soia? È leggero il tiramisù? No? E la bavarese di cachi è light? No? Però c'è la frutta, no? Non c'è? Vabbè, allora mi porti una meringata». Spesso fanno fuori il cestino del pane.

Il pidocchioso. L'abbiamo già incontrato e ho già espresso la mia personale avversione per il taccagno, che di norma si autodefinisce oculato; in genere, si tratta di persone avare anche di sentimenti. Lo abbiamo già incontrato tra gli anfitrioni. Due i momenti in cui i sintomi raggiungono l'apice: il primo, al momento dell'ordine, e il secondo, quello di pagare il conto (quando riuscite a fargliello pagare). La comanda per lui è una sofferenza, e lo potrete smascherare con facilità osservando dove cade l'occhio all'apertura della carta. Se a destra, lo avete pizzicato: prima di leggere i piatti guarda i prezzi. Nei ristoranti costosi alle donne viene consegnata una carta muta, senza prezzi, quindi è più difficile scoprirle: fatevi invitare a casa per levargli la maschera. E se vi invita a casa, scommettiamo che vi preparerà una cena minimalista?

Insomma, per concludere, si scelgono i piatti insieme e poi si comunicano al cameriere senza troppe attese. L'uomo dovrebbe essere l'unico a rivolgersi al personale di servizio, ma diciamo che il galateo moderno è più elastico. In entrambi i casi è sconsigliato sbraitare per richiamare l'attenzione, civettare, fischiare con due dita in bocca (giuro che l'ho visto fare a una simpatica camionista di Terni), insomma un semplice «scusi, mi porterebbe...» dovrebbe bastare.

Nell'attesa di mangiare e durante la cena si inizia a parlare. Rileggetevi il paragrafo sulla buona conversazione. Non esistono segreti, comunicare piacevolmente è un'arte sopraffina. E soprattutto rileggete l'elenco di ciò che piace di un interlocutore e fatevi un esame di coscienza: a quanti punti potete mettere la crocetta?

Diffidate del vostro interlocutore se in pochi minuti pronuncia più di cinque volte la parola «Io». Denota ovviamente un grande ego. Se volete acquistare la fama di ottimo conversatore iniziate ascoltando. Fate molte domande e attendete la risposta, ma poi toccherà a voi raccontare della vostra vita. Un segreto per uomini e donne: fateli parlare di loro stessi e adulateli all'infinito, la maggior parte degli esseri umani non se ne accorge.

Durante le prime cene è necessario conoscersi: si parla del proprio lavoro, di un film, di attualità, di un libro che avete letto, di una gita particolarmente divertente. E poi si può parlare delle proprie passioni, dello sport preferito, della propria infanzia, di qualche familiare con un lavoro originale.

L'unica cosa cui dovete fare attenzione è questa: in una cena a due perfetta, cronometrando i tempi di conversazione di ciascuno, questi dovrebbero risultare esattamente pari.

E non dimenticate l'importanza dei silenzi, modulateli: gli stessi che erano conturbanti duranti i primi incontri diventano sintomatici nella coppia finita.

Il tutto deve essere condito con leggerezza e con uno sguardo attento e vigile, mai indagatore. Anche se in realtà, dopo la lettura di questo libro lo sarete, non dovreste farvi scoprire.

Il corpo, con il suo linguaggio esplicito, ci aiuterà a capire se il nostro commensale si sta annoiando o se è interessato, ma di questo si parlerà più avanti.

Arriva la prima portata e qui si apre un mondo. È davvero banale e senza basi psicologiche affermare che ci sia una corrispondenza tra il comportamento degli esseri umani a tavola e sotto le lenzuola, ma nulla ci vieta di cogliere qualche indizio utile nel primo habitat e di farne buon uso nel secondo.

Abbiamo già visto come l'associazione mentale cibo-eros è assolutamente fondata, se si pensa che gli esseri umani vivono la prima esperienza piacevole attraverso la suzione. Quando il lattante beve il latte, sia dal seno materno, sia artificialmente, si fissa nella sua mente il binomio cibo-piacere fisico. Alla luce di questo, è naturale che non troveremo straordinariamente seduttivo un partner che si ciba asceticamente senza esprimere alcun piacere con lo sguardo o con il corpo. A meno che anche noi non proviamo lo stesso disinteresse.

È possibile (ma non certo) che un uomo che trangugi senza assaporare alcun cibo possa soffrire di ingordigia sessuale, di eiaculazione precoce, di frettolosità sotto le lenzuola? Non c'è nulla di scientifico, ma nessuno ci vieta di registrare questi comportamenti come significativi.

Del resto, non trovate molto sexy un partner che mangia lentamente assaporando ogni boccone mentre vi guarda negli occhi?

Ricordiamo questo assioma: se riesci a gustare il cibo, riesci a gustare la vita. Vi serva come faro nel capire i vostri commensali.

Certo, viviamo in una società sempre più frigida, una società cibocentrica dove però manca il piacere vissuto. Il cucinare diventa fiction e raramente espressione di pura creatività.

Anche la cura eccessiva per la presentazione dei piatti e la preparazione della tavola tradisce un rapporto un po' troppo cerebrale con il cibo. Spesso si punta più sull'estetica che sul godimento. Per molti non è necessario che il cibo sia buono da mangiare, l'importante è che sia bello da guardare, da mangiare con gli occhi, da sfogliare su carta, da imbandire. Anche chi rispetta le regole del galateo, ogni tanto, deve essere in grado di mangiare con le mani: in questi casi sceglieremo un luogo appartato per una cena intima, meglio evitare un locale affollato.

La scelta dei piatti del nostro commensale ci porta a due grandi categorie: è un modo come un altro per trovare sintonie culinarie. Dunque, cibi morbidi e cibi duri.

I cibi a consistenza morbida e tenera rappresentano qualcosa di accogliente nel quale possiamo tuffarci e affondare, una materia fluida e materna che ci avvolge e forse arriva al punto di cannibalizzarci. Chi ama i piatti dolciastri e morbidi come il latte e i budini sceglie mousse, zuppe, frullati, creme e sformati. A volte, invece, si ha bisogno di esprimere la durezza del nostro vivere, l'aggressività e la rabbia che dovremmo riuscire a incanalare in maniera socialmente accettabile. Ecco i cibi duri, croccanti da spezzare, da mordere e masticare come la carne, cibi che facciano rumore di denti.

Da ricordare: nessuna presunzione di esprimere diagnosi, né desiderio di analizzare il nostro commensale come farebbe un entomologo; semplicemente approfittare della condivisione della tavola per raccogliere più informazioni possibile.

Particolare attenzione anche al colore, al «mangiare in bianco»: alla purezza dello yogurt si contrappone il rosso sangue di una costata di bue e il nero del cioccolato.

Difficile non dedurre che la sensualità di una persona è corrispondente al suo gusto per il buon cibo. Un gourmet è una persona sensuale, chi può negarlo. Se il vostro commensale è ipercontrollato a tavola, forse è un po' troppo razionale anche nelle relazioni.

Anche la scelta del locale dovrebbe darvi alcuni indizi: è una trattoria? Un ristorante intimo e romantico? Un locale alla moda? Un ristorante costoso e raffinato?

La scelta del ristorante, abbiamo detto, dovrebbe essere femminile, e in realtà scelgono quasi sempre le donne anche a relazione avviata. Un consiglio da amica: scegliete ristoranti o trattorie intime e tranquille. Il messaggio che volete trasmettere al vostro commensale è che vi interessa conoscervi meglio, parlare e godervi la compagnia solo della persona che vi ha invitato: il resto non conta se non come sfondo.

Evitate i luoghi mondani e chiassosi, se volete che il vostro ospite abbia occhi solo per voi. E soprattutto se siete un po' gelosi, che sarebbe come dire insicuri.

A un fatto dovete fare attenzione, signore, per me molto più di un dettaglio. Il gentiluomo che sta seduto davanti a voi da quasi mezz'ora vi ha già versato acqua e vino? Se un uomo per tutta la cena non si degna di occuparsi di riempire i vostri bicchieri, chiedetevi come potrà essere attento ai vostri bisogni un domani. Prima di accettare un altro invito pensateci seriamente.

Insomma, credo che questo fatto sia uno dei più sintomatici, e dovrebbe tenere le signore sul chi va là. In fondo, qual è la dote migliore che può possedere un uomo se non anticipare i nostri desideri occupandosi di noi? Un uomo che «ci arriva» è quello che ci porta la valigia, che ci massaggia i piedi, che ci chiede com'è andata, prima ancora che noi siamo obbligate a fare delle richieste.

Per gli uomini: se vi accorgete che la signora che avete invitato è più interessata a guardarsi nello specchio in fondo alla sala e a tener d'occhio la porta del ristorante per vedere chi entra piuttosto che alla vostra personcina, vi consiglio di rivedere la possibilità di presentarla a vostra madre.

Due casi emblematici, da cui deriva una riflessione. I comportamenti sopra riportati non sarebbero così significativi se non si trattasse dei primi appuntamenti; di fatto sono proprio i momenti iniziali quelli nei quali diamo il meglio di noi stessi. Ci preoccupiamo di mostrare la parte più brillante nascondendo le zone d'ombra. Quindi, ogni volta che c'è qualcosa che non va nel vostro commensale chiedetevi: ma se è così ora come sarà tra sei mesi? Se l'atteggiamento errato (per voi) è guaribile parlatene, se è radicato lasciate perdere. Il problema e il segreto di tante relazioni stanno proprio nel riuscire a distinguere i primi dai secondi.

La cena continua e così la conversazione tra un piatto e l'altro, presto si avvicina il momento del conto. La regola generale è che paga chi invita, sia esso uomo o donna. La cosa più triste è vedere le coppie che dividono: fare alla romana è di cattivo gusto e ammissibile solo per gli studenti universitari. Ma questo è solo il mio parere. A Londra e Manhattan le donne che lavorano vogliono assolutamente pagare il conto, in Italia direi meno.

Farsi pagare il conto è uno dei pochi privilegi rimasti a noi signore, perché rinunciarvi? Se sappiamo che il nostro uomo è in difficoltà, ci sforzeremo di scegliere un locale adatto alle sue finanze, oppure la volta dopo lo inviteremo noi. Agli uomini consiglio di non sentirsi sminuiti nella propria virilità se qualche volta vuole pagare lei. Ripeto: paga chi invita.

Apro qui una parentesi rispetto «al piedino», quell'intrigante usanza di sfiorare, accarezzare, strofinare e trattenere il proprio piede su quello di un altro commensale. Farlo bene è un'arte: è più stimolante in un tavolo da sei, in due è quasi scontato. La regola numero uno è non farsi scoprire. Ci vuole tecnica.

Quasi tutti quelli che amano «fare piedino» devono decidersi a prendere l'iniziativa, anche i più audaci tentennano, ma esistono dei veri e propri professionisti nel campo.

Altra regola. Cercate di scegliere bene la vostra vittima, nel senso che è ridicolo fare piedino alla bellissima signora davanti a voi accompagnata dal fidanzato trentenne, con il quale ha appena trascorso un viaggio da sogno in un castello scozzese, ovvio, no? Sappiate che il trucco del piedino non può avvenire a senso unico, voglio dire che per dare, diciamo, inizio alle danze è obbligatorio che ci sia la complicità di un altro commensale. Infatti, la regola numero tre è: essere pronti a scusarsi immediatamente, al primo contatto, fingendo che lo sfioramento sia stato casuale nel caso l'iniziativa non abbia buon esito. Se dall'altra parte nessuno reclama, ecco che prende il via il gioco. Sollazzo che, se non controllato, può spingersi sino a rendere la serata indimenticabile e infuocata. Tenete conto che l'innocenza della tecnica del piedino è direttamente proporzionale alla sua distanza dal pavimento: più il piede si avventura su per le gambe del partner, più il gioco diventa serio.

Mantenete il contatto visivo e osservate la vostra preda. Guardate la reazione al tocco e reagite in modo appropriato. Se vi fissa sorpresa/o o allontana la peccaminosa estremità, saprete che il momento non è quello giusto.

Alcuni sessuologi sostengono che sentirsi toccare i piedi stimola i centri nervosi presenti lungo la gamba, fino al bacino. Ecco perché in molti paesi (tra cui l'Italia) il gesto di «fare piedino» è contemplato chiaramente in ambito giuridico, benché, secondo la Corte di Cassazione, non costituisca atto di libidine, pertanto non è penalmente punibile.

Gli inglesi dall'alto del loro puritanesimo ne vanno pazzi e lo chiamano *play footsie*: usatelo con moderazione, ed evitatelo al primo incontro se volete dare una piega romantica alla relazione. Insomma, il piedino è bello quando è ricambiato e nascosto.

L'ultima considerazione dedicata a entrambi i sessi riguarda la Teoria del Precedente: ovvero tutto ciò che avviene nelle prime occasioni di incontro farà da imprinting sul futuro rapporto.

Dedicato alle donne. Per esempio, se una signora dimostra soddisfazione nel farsi portare per due volte in una pizzeria maleodorante a mangiare fritto misto scongelato, non può aspettare che lo stesso uomo la porti in un relais chateaux esclusivo la terza volta. Si stabilisce dopo i primi incontri un precedente che fa capire tacitamente a entrambi che quello è lo standard di riferimento.

Se per correttezza fingete di essere contente che lui vi abbia regalato un aspirapolvere per il vostro primo compleanno insieme, non aspettatevi un fine settimana a Parigi per quello successivo.

Per gli uomini. Se lei vi chiede di andarla a prendere dall'altra parte della città per tre volte, non potrete più dirle di no in seguito. Se le lascerete carta bianca nel decidere le prime due vacanze sarete rovinati per sempre. A lei sembrerà un diritto acquisito.

Vale la pena rifletterci. Tutto ciò che lasciate passare le prime volte, rafforzerà la Teoria del Precedente, definendo più o meno rigidamente la vostra modalità di relazione, o meglio, si definirà ciò che potete aspettarvi dall'altro, il che in fondo esprime ciò che sentite di valere.

Per quanto riguarda tutto ciò che avviene dopo il conto, vedi il capitolo sul bon ton del dopocena.

Le cose che non sopportiamo di lui/lei a tavola

A questo punto, volevo aggiungere un paragrafo intitolato: «Le 5 cose che le donne non sopportano di lui a tavola. Le 5 cose che gli uomini non sopportano di lei a tavola».

Da quando ho deciso di scrivere questo libro, cioè un paio d'anni fa, ho cominciato a chiedere ad amici e conoscenti quali fossero le cose che non sopportavano nell'altro sesso durante i primi approcci a tavola, i fondamentali per farsi un'idea dell'altro. Ho iniziato a osservare attentamente e a prendere appunti. Tempo fa, rimasi molto colpita nel leggere la notizia di un giudice scozzese che diede ragione all'uomo in una causa di divorzio, perché il modo in cui la moglie gli masticava davanti per tre pasti al giorno era diventato per lui insopportabile e lo stava portando alla follia. Lo capisco, ci sono comportamenti, manie, cattive abitudini che diventano lentamente intollerabili sino a minare le fondamenta di un rapporto. Una volta notate, verbalizziamole subito, altrimenti la vista dell'altro ci diventerà inammissibile.

Già dopo sei mesi di raccolta notizie mi sono resa conto della curiosità che la cosa suscitava, così ho cominciato a prendere nota. Infine ho postato su Facebook la questione beneficiando dei miei 5000 amici: sono venute fuori risposte curiose e soprattutto molte simili, quindi mi sono permessa di raggrupparle. Molte voci compaiono sia dalla parte degli uomini che dalla parte delle donne: interessante, no?

Non sopportiamo lui a tavola quando:

- Inizia a mangiare prima di noi e quando arriva il nostro piatto ha già finito.
- Svuota le tasche sulla tovaglia spargendo chiavi, cellulare e utensili vari attorno per delimitare il territorio.
- Fa il cretino con la cameriera.
- Tiene il cellulare acceso e parla di lavoro al telefono, ignorandoci.
- Tiene il cellulare spento, perché vuol dire che ha la coscienza sporca.
- Litiga al telefono con la ex moglie per gli alimenti.
- Mangia con la testa dentro il piatto.
- Messaggia con un amico (dice) i risultati delle partite.
- Parla e ride con la bocca piena.
- Si mette il tovagliolo nel collo della camicia.

- Interrompe quando parlate.
- Pilucca dal vostro piatto.
- Si mette a litigare per il conto davanti a voi.
- Si alza e va a fumare senza chiedervi il permesso.
- Racconta barzellette, e per di più sporche.
- Non vi versa il vino e neppure l'acqua.
- Vuole dividere il conto a metà.
- Parla tutta la sera dell'ex.
- Parla troppo di sua madre.
- Mentre parla impugna il coltello aggressivamente per sottolineare quello che dice.
- Racconta che sua madre le lasagne le fa più buone.
- Cerca di soffocare «ruttini» a cascata.
- Fa la scarpetta.

Non sopportiamo lei a tavola quando:
- Appena seduta dice che è a dieta.
- Parla gesticolando e impugnando una posata.
- Si trucca sbirciandosi nel sottopiatto d'argento.
- Ride sguaiatamente.
- Cincischia nel piatto con la forchetta fingendo di mangiare.
- Racconta aneddoti banali e idioti sulle sue amiche.
- Fa le «palline» con la mollica di pane.
- Inizia a discutere invece di mangiare e non la finisce più «perché è una questione di principio».
- Messaggia continuamente con l'amica del cuore (dice).
- Guarda le altre donne per commentare come sono vestite.
- Guarda gli uomini seduti ai tavoli e civetta.
- Non ascolta l'interlocutore.
- Chiacchiera in continuazione invece di mangiare.
- Ruba il cibo dal vostro piatto, e non vuole ordinare nulla.

- Chiede cento volte se ha qualcosa tra i denti, digrignandoli come se fosse un mastino.
- Fa i disegni sulla tovaglia con le briciole di pane.
- Fa i cuoricini con tutto ciò che rimane sul tavolo (gabbiette dello spumante, tappi di plastica, pezzi di candela, centrotavola eccetera).
- Si alza e sta in bagno mezz'ora.
- Si alza e va a fumare piantandovi in asso come cretini.
- Litiga con l'ex marito per gli alimenti davanti a voi.
- Vi impedisce di godere la cena elencando i vari danni del colesterolo e della glicemia alta.
- Si tocca i capelli per tutta la cena.
- Chiede continuamente: «Mi fai assaggiare?»
- Si mette mezza bottiglietta di profumo, lasciando una fastidiosa scia appestante.
- Parla tutta sera degli ex.
- Lascia le parti migliori nel piatto: in genere cose che voi avreste mangiato di gusto.
- Rompe che non vuole aglio e cipolla.
- È allergica a tutto.
- È astemia.

Urge un bell'esame di coscienza: a quante di queste voci possiamo fare una crocetta dicendo: «Anch'io lo faccio?» Scommetto che dopo aver letto l'elenco molti di voi cominceranno a sentirsi meno irresistibili a tavola: quello che credevano passasse inosservato è fonte di irritazione e si sa, dall'irritazione è facile passare all'ostilità.

Breve bon ton del dopocena

La cena è finita, c'è stato un benevolo battibecco a fine pasto. Lei non voleva ordinare la crostata di frutti di bosco con salsa vaniglia, ma lui ha insistito. Alla fine si è deciso di fare a metà e le forchettine da dessert si sono incontrate sul terreno dolce della pasta frolla, le dita si sono sfiorate e gli sguardi colmi di sottintesi hanno suggellato il contatto ricco di promesse.

Uno dei due ha pagato il conto, lui ha aiutato lei a indossare il soprabito, poi entrambi si sono diretti verso l'uscita del locale. Dopo circa tre ore trascorse allo stesso tavolo avrete raccolto una buona quantità di indizi, comunque abbastanza per capire se dall'altra parte l'interesse è cresciuto.

Il dopocena è un argomento delicato e privato; dal momento che la prima regola è non mettere in imbarazzo gli ospiti, giammai lo farei con i miei lettori.

Nessuna interferenza moraleggiante sul chi e come, ma non resisto alla tentazione di un paio di domande, senza azzardare una risposta.

Voi signore, siete così sicure che sia superata, anche tra le più postmoderne di voi, la questione di cedere o non cedere al primo appuntamento? Chi di voi non è stata tormentata dal pensiero fugace: cosa penserà di me, se ci sto la prima volta?

E voi uomini, siete così sicuri che pur incoraggiando e sostenendo le donne emancipate, sotto sotto non consideriate poco serie quelle che si concedono dopo la prima cena? Le ultime confidenze di un amico trentenne, lasciato da poco lo confermano: «Dovevo capirlo subito che finiva male, in fondo lei mi ha ceduto la prima sera».

Personalmente credo che il periodo del puro corteggiamento sia tanto breve, quanto entusiasmante e sarebbe davvero un peccato accorciarlo ulteriormente.

A questo punto del capitolo, è necessario riflettere un momento sulla teoria del Do ut des. Teoria che, a mio modesto parere, è tuttora imperante nel terzo millennio, almeno nei paesi mediterranei.

Dicasi teoria del Do ut des quell'inspiegabile ma radicato, più o meno conscio, atteggiamento che porta un uomo a considerarsi in credito nei confronti di una signora dopo averla invitata a cena e aver pagato il conto.

E anche quell'inspiegabile, ma radicato, più o meno conscio, atteggiamento che porta una donna a sentirsi in debito nei confronti di un signore che l'ha portata a cena e le ha offerto la cena.

Cosa, poi, entrambi si sentano di riscuotere o concedere dopo una bella serata al ristorante è molto soggettivo e può andare dal bacio sulla guancia a un weekend infuocato a Milano Marittima, non ha importanza. Ciò che conta è che bisogna riuscire a sdoganarsi dal Do ut des.

Ma andiamo avanti con la nostra cena, ormai quasi al termine.

Qualsiasi sia l'esito della serata, l'uomo accompagna a casa la donna o il contrario. Insomma, non si pianta una persona al ristorante. Lo faccia in macchina, a piedi, in treno o in monopattino, questo è un segno di educazione.

Un fatto è certo, e mi fermo qui, se c'è un momento ideale per stringere, per tirare le fila della serata è proprio il dopocena. Avete cercato di leggere il linguaggio del corpo durante la cena? Vi sembra che vi abbia mandato messaggi seduttivi? Se avete individuato quali, potete tentare qualche *avances*. L'audacia è molto apprezzata da una donna, ma è difficile metterla in atto con abilità: è solo una questione di tempi. Una carezza o un bacio dato nel momento sbagliato può cambiare il nostro destino. Non sentitevi obbligate a «essere carine» con lui solo perché vi ha offerto una cena in un ristorante costoso. E voi uomini non sentitevi sminuiti della vostra fama di cacciatori se non ci provate sul cancello di casa.

Un pizzico di audacia, quando non diventa sfrontatezza, è apprezzato da ambo le parti. Perciò uomini, non chiedete mai «posso baciarti?» Fatelo e basta. Dovete essere talmente sicuri di voi stessi da provarci solo in caso di successo. Esprimere un rifiuto in maniera non offensiva è un'arte sopraffina e rara. Come ultima chance, esiste sempre la scappatoia di girare il viso all'ultimo minuto e trasformare un bacio appassionato alla francese in un saluto fraterno.

Consiglio infallibile, se lei mentre si fa accompagnare a casa, a metà percorso ha già tirato fuori le chiavi di casa non provate a chiederle di salire, è molto probabile che vi dirà di no.

A seguire, qualche indicazione per far sì che la vostra bella cena non venga rovinata da un dopocena disastroso. Uno dei momenti topici, infatti, e anche più imbarazzanti è quando si arriva sotto la casa di lei, di notte, e ci si sta per salutare. In quei momenti si gioca tutto; entrambi devono fare i conti con il proprio intuito, timidezza, paura, insicurezza, ma anche passione, emozioni e desideri.

Per esempio, una donna che appena avete fermato la macchina vi saluta e scambia due parole con la mano destra già sulla maniglia della portiera, di certo non muore dalla voglia di baciarvi. Oppure se siete arrivate a destinazione e lui si mette a parlare con le braccia conserte, state sicure che non allungherà le mani.

Non date per scontato che dopo una cena debba necessariamente succedere qualcosa, ricordate la teoria del Do ut des. E soprattutto, i signori non si aspettino prestazioni direttamente proporzionali al conto del ristorante. Siate gentiluomini: una bella serata val pure un piccolo investimento. E poi, se le cose non sono andate come previsto, nessuno vi vieta di chiudere la portiera con il fatidico: «Ti chiamo io». E le signore non incoraggino l'uomo a ritentare un invito se la prima cena è stata deludente.

È gentile, educato e sexy:

- Aspettare che lei sia entrata nel portone di casa, o che abbia avviato la macchina prima di andarsene.
- Baciarsi appassionatamente in un portone.
- Fare una carezza invece che la «manomorta».
- Un invito alle 21.
- Un picnic sul lettone.
- Il caminetto vero.
- Il telefono staccato.
- Una cenetta preparata in anticipo solo da scaldare.
- Una tovaglia ricamata.
- Un bouquet di fiori di campo lasciati sul sedile per lei.
- Un bigliettino affettuoso nascosto nella tasca del suo cappotto.
- Un brindisi in due coppe da champagne in macchina, in giardino, ovunque.
- Una candela sul tavolo o in camera da letto, senza esagerare.
- Le lenzuola di seta.

È scorretto, banale e antiafrodisiaco:

- Piantarla al ristorante se non è carina come vi era sembrato.
- Dire: «Da me o da te?»
- Il caminetto finto.
- Proporre un *privée* al primo appuntamento.

- Il cellulare acceso durante un tête-à-tête.
- Invitarla a casa e offrire un prosecco caldo.
- Il sottofondo musicale di liscio.
- La bottiglia di gazzosa in plastica a tavola.
- Addormentarsi sul divano al primo appuntamento.
- Fare un invito a cena alle 7, così «poi non facciamo tardi».
- Invitarlo/a a cena e alzarsi a lavare i piatti.
- Ordinare una camomilla.
- Forzarla/o a bere superalcolici per approfittarsi di lei/lui.
- Fare paragoni con gli/le ex.
- Entrare in casa e infilarsi le pantofole di peluche.
- Chiedere il bicarbonato perché non si è digerito.
- Una cucina con luce al neon da ospedale.
- La tovaglia presa con i punti del supermercato.
- Parlare di soldi.
- Parlare di parenti, bene o male.
- Invitarla/o a casa per il dopocena e trovare la mamma che guarda la tv con i bigodini in testa.
- Addormentarsi dopo l'amore come un bradipo narcotizzato.

Per chi volesse approfondire c'è sempre il piccante e dettagliato *Le savoir-vivre efficace et moderne*, scritto da una redattrice di *Elle*, Sophie Fontanel, considerato il vademecum metropolitano più anticonvenzionale. L'autrice, per esempio, è severa con i maschi che non rispettano la sequenza di svestizione: cravatta, scarpe, camicia, calzini, pantaloni e mutande. Sono d'accordo, credo che solo Sean Connery, Dennis Quaid e un paio di altri possano evitare il rischio di sembrare ridicoli nudi, con i pedalini.

E ancora, quando si è travolti dalla passione è inammissibile piegare tutto con cura sulla sedia: i vestiti si buttano a terra e lì restano sino alla fine dell'incontro.

La posizione privilegiata di commensale per professione fa sì che la tavola mi regali una buona quantità di confidenze, intimità che raccolgo scrupolosamente, essendo consapevole che è prezioso humus per i miei libri: ecco alcune riflessioni e dettagli, che poi dettagli non sono.

Soprattutto le donne, ma non solo, mi confidano che incontri potenzialmente riusciti diventano meno esaltanti a causa della scarsa pulizia. Bando anche ai dopobarba scadenti, e a barbe pungenti di due giorni. In effetti, la pulizia è un'altra nota dolente. Diventa un problema quando è troppa o troppo poca. Esiste una via di mezzo tra la ragioniera igienista e Napoleone che chiedeva alle sue amanti di non lavarsi per una settimana.

Attenzione anche a dire «amore» troppo presto. Se sentirselo dire è scatenante per alcuni, su altri può avere un effetto antiseduttivo. Samantha in *Sex and the City* insegna: «Puoi dire a un uomo ti odio e farci sesso in modo grandioso. Prova a dirgli ti amo e non lo vedrai più».

Vietato dopo aver fatto l'amore correre in bagno invece che restare abbracciati. In caso di défaillance maschile è assolutamente sconsigliato tempestare di domande il malcapitato. «Non ti piaccio? È stata colpa mia?» Meglio puntare sull'affettuosa comprensione.

La cosa più anafrodisiaca in assoluto è in questi casi (ma quasi in tutti i campi) il ricorso al sarcasmo: non lo/la rivedrete mai più.

E per ultimo, ma fondamentale: non fingete piaceri che non provate. Se lo fate una volta, sarete condannate a recitare per sempre. Ricordate la Teoria del Precedente.

Ecco le espressioni e le frasi da *non* dire a letto nel caso il dopocena vada a buon fine.

- Ti è piaciuto?
- Ti ho già detto della videocamera?
- Oggi la chirurgia fa miracoli.
- Mi puoi passare il telecomando?
- Ripensandoci... forse è meglio spegnere la luce...
- Spero che tu sia così carina anche domani, quando mi sarà passata la sbronza.
- Pensavo che le avessi tu, le chiavi delle manette...
- Voglio un bambino!
- Non credi che il soffitto giallo starebbe meglio?
- Quando dovrei cominciare a provare piacere?
- Sei così brava che potresti farlo come lavoro.
- Sicuro che non ti ho già vista da qualche parte?
- Spero che questo rumore venga dal letto ad acqua.
- Te l'ho detto che non avrebbe funzionato senza batterie.
- Ti ho detto che mia nonna è morta proprio su questo letto?
- Se tu smettessi di fumare, probabilmente potresti resistere di più.
- No... davvero... è meglio se da qui in poi faccio da sola.
- Ehi... sei bravo quasi come il mio ex.
- Sembri più giovane a vederti che a toccarti.
- Non preoccuparti, andrà meglio la prossima volta.
- Forse sei solo fuori allenamento.
- Ora so perché lei ti ha mollato.
- Hai mai considerato l'ipotesi di una liposuzione?
- E pensare che non ho neanche dovuto invitarti a cena.
- Che hai intenzione di fare per colazione?
- Ho una confessione da farti...
- Mi sentivo così eccitato che mi sarei portato a casa persino tua nonna.
- Sono vere o le hai rifatte?
- Non è che per caso hai avuto un'infanzia difficile?

- Ti ho già detto del mio piccolo intervento di cambio di sesso?
- Mi sa che prima devo farmi un'altra birra.
- Quando preferisci incontrare i miei genitori?
- Non ci fare caso… mi limo sempre le unghie a letto…
- Ti spiace se faccio qualche telefonata?
- Ti dà fastidio il mio cucciolino? (riferito a un doberman di settanta chili)
- Vuoi dire che tu *non* sei il mio appuntamento al buio?
- Ti dispiacerebbe indossare questa targhetta? È imbarazzante dimenticare i nomi…

6. Il linguaggio del corpo a tavola. Come leggere i gesti dei commensali a proprio esclusivo vantaggio

Dopo aver letto questo libro sino a qui dovreste aver assimilato il tema: a tavola emerge la vera natura di ciascuno di noi. Prima di proseguire è bene rielaborare questo assunto per poi passare al secondo: il corpo non mente mai. Ora unite il primo al secondo, e avrete il tema dello Psicogalateo: dimostrare come il comportamento a tavola e il linguaggio del corpo possano diventare una straordinaria opportunità di conoscenza dell'altro. Nella storia dell'uomo la comunicazione orale è considerata piuttosto recente ed è arrivata dopo il linguaggio dei gesti.

Ormai è dimostrato che il 55 per cento di un messaggio è inviato non attraverso la parola ma con il corpo, accanto a un 38 per cento vocale, cioè con il tono e le inflessioni; il primo a dirlo fu Albert Mehrabian negli anni Cinquanta.

Ho cercato di dimostrare come la tavola e la convivialità rappresentino una situazione privilegiata di osservazione. Se a questo aggiungiamo qualche elemento di interpretazione del corpo avremo uno strumento di comprensione abbastanza preciso.

Anche quando restiamo in silenzio, il nostro corpo rivela quello che pensiamo o proviamo davvero, indipendentemente da quello che affermiamo. Ecco il punto: *indipendentemente da quello che affermiamo.*

Ogni parte del nostro corpo «parla»: pensate che persino la direzione dei piedi o il colorito del collo possono tradire pensieri. In questo caso rimarrete stupiti dalla quantità di informazioni che è possibile raccogliere solo osservando volto, mani e piedi. A tale scopo basterà allontanarsi dal tavolo o far cadere sbadatamente un oggetto personale per perlustrare il mondo sommerso del sottotavola.

Una delle prime domande che si sono posti gli studiosi è se esiste una comunicazione non verbale comune a tutti. Pare di sì: è detta analogica. Un gesto come passarsi la lingua sulle labbra è dappertutto un segno di gradimento; sfregarsi il naso, invece, esprime fastidio e imbarazzo dovunque.

Anche le espressioni facciali che segnalano paura, gioia, tristezza sembra abbiano una base biologica e non siano frutto di apprendimento. L'esempio più interessante è il gesto che accompagna il no, comune a molte culture. Scuotere la testa sembra abbia origine dal gesto di rifiuto del latte al seno materno del bambino quando è sazio.

Anche per quanto riguarda il galateo a tavola non dobbiamo, noi italiani, peccare di presunzione. La più grande lezione di antiprovincialismo me la diede l'ambasciatrice del Brasile, maestra di cerimoniale, quando risiedeva a Milano. Alla mia domanda su quali fossero i peggiori commensali al mondo mi rispose: «Molte regole sono culturali. Basti pensare che nel mondo arabo per esprimere il proprio gradimento a fine pasto si emette un suono roboante che noi italiani consideriamo altamente sconveniente. Ma altre di buona educazione valgono ovunque». Così come a Malta è meglio evitare di unire pollice e indice nel segno dell'OK: significa «sei omosessuale», il che non è affatto un insulto, ma alcuni potrebbero non gradire.

Sembra che molti studiosi siano arrivati a questa conclusione: le differenze ambientali e culturali esistono, ma la maggior parte dei segnali corporei sono presenti in tutti gli esseri umani.

Il corpo è la forma visibile dell'anima

Il corpo è la forma visibile dell'anima, dice il grande mimo Samy Molcho. Conoscere gli indizi del corpo è molto utile anche per comprendere i vostri segnali indirizzati all'interlocutore, e non solo quelli dei vostri commensali. Ricollegandoci all'introduzione: conoscere queste tecniche non serve a manipolare gli altri (nonostante il titolo ironico di questo capitolo), piuttosto a conoscersi meglio e, di conseguenza, favorire la comunicazione. Infatti, l'ignoranza e il preconcetto nei rapporti sfociano in atteggiamenti critici e fraintendimenti.

Anche chi conosce un po' il linguaggio del corpo non riesce a controllare a lungo i propri movimenti. Gli studi ci dicono che la maggior parte delle persone non conosce assolutamente nulla dei segnali corporei. Non solo, sappiamo che le donne sono più portate e sensibili a questa lettura.

Gli attori, i caricaturisti, i pittori, i venditori sviluppano un particolare intuito per questa dimensione della comunicazione. Ma la categoria più interessata dovrebbe essere quella dei politici, tanto è vero che, soprattutto negli Stati Uniti, chi fa questo mestiere frequenta corsi specializzati per imparare a sembrare «sincero» anche se non lo è; ma, come dicevamo prima, la mente controlla il corpo sino a un certo punto: poi l'intelligenza del corpo e l'inconscio hanno il sopravvento.

Ricordate la famosa foto di Clinton con due dita sulle labbra durante l'interrogatorio sul caso Lewinsky? Lo sanno tutti, è un segnale che indica «non dirò nulla o mentirò»: evidentemente il presidente non è riuscito a tenere a freno il suo corpo a sufficienza.

Numerose ricerche condotte a Harvard dimostrano che quello che definiamo «intuito femminile» è la capacità femminile di decodificare alcuni gesti. A un campione di 100 soggetti è stato mostrato un filmato senza audio; l'87 per cento delle donne è stato in grado di ricostruire il contenuto del dialogo dei due attori in base ai loro gesti. Di queste, sono risultate ancora più perspicaci le donne con figli, più abituate a decifrare il linguaggio dei segni. Non a caso i dirigenti d'azienda sanno che le donne hanno maggior probabilità di portare a buon fine una trattativa.

Autori di libri di successo in tutto il mondo, gli psicoterapeuti australiani Allan e Barbara Pease sono stati i primi a portarmi nell'affascinante mondo del linguaggio del corpo. Se volete approfondire l'argomento i loro libri sono un ottimo strumento. Una delle prime affermazioni che mi ha stupito è che i Pease, dopo aver eseguito vari esperimenti attraverso la risonanza magnetica, hanno stabilito che nel cervello delle donne esistono da quattordici a sedici aree preposte alla comunicazione e alla valutazione. Volete sapere quante aree possiedono i maschi? Da quattro a sei.

Niente di grave, tuttavia è evidente che le donne sono in grado di «capire» inconsciamente meglio, anche se chiunque, applicandosi, può ottenere buoni risultati. Tranne rare eccezioni.

Un amico timido che sembra irrimediabilmente attratto dagli amori infelici e non corrisposti mi dice: «Ho fatto di tutto per farle capire che mi piace: ci rinuncio». Peccato che poco dopo arrivi la telefonata di lei: «Ho fatto di tutto per fargli capire che mi piace: ci rinuncio». A volte le persone sono davvero lente nel leggere i segnali del corpo.

Detto questo, non basta consultare un libro per imparare una tecnica, e questo vale per tutte le discipline. Anche nel campo della comunicazione non verbale è utilissimo l'esercizio. Se volete diventare dei veri esperti, e nello stesso tempo divertirvi, vi consiglio di osservare le fotografie dei quotidiani che ritraggono politici o personaggi famosi in gruppo. Oppure è molto utile guardare la televisione togliendo l'audio: scoprirete un mondo interessante fatto di gesti eloquenti.

Un amico belga appassionato dell'argomento arrivava a comprendere quasi tutta la trama di un film senza l'audio. Tenete presente, inoltre, che il linguaggio non verbale fa parte di noi: sono le sovrastrutture che ce lo fanno dimenticare; riappropriarsi della capacità di capirlo significa recuperare qualcosa che abbiamo semplicemente dimenticato.

E, per venire a noi, è molto utile e raccomandato farsi invitare e ricambiare inviti, magari variando spesso commensali: serve a impratichirsi. La tavola, ricordiamolo ancora, è un set perfetto per la conoscenza dell'altro.

Prima di proseguire, tuttavia, è necessaria una premessa che trovereste in qualsiasi serioso manuale di linguaggio del corpo; questo non è un testo scientifico, ma attenersi a qualche regola è fondamentale per non fare cilecca.

Parafrasando il famoso proverbio popolare sulle rondini e la primavera, ecco la prima regola: un solo gesto del corpo non fa testo. È davvero fondamentale leggere i segni del linguaggio del corpo nell'insieme e soprattutto contestualizzarli. Una serie di esempi vi farà capire meglio.

Gli antropologi e gli etologi sanno che è inutile sorridere agli animali, perché ogni volta che vengono esposti i denti essi lo leggono come un comportamento aggressivo. Così, se un essere umano tira le labbra ad accennare un sorriso, ma nello stesso istante vediamo che stringe i pugni per esprimere rabbia, state certi che quel segno non esprime gioia di vedervi.

Per avere conferma di uno stato d'animo espresso dal corpo, è quindi necessario leggere almeno tre gesti coerenti. Altro esempio: cosa pensereste di un politico che afferma di essere aperto all'inserimento di stranieri in una comunità e pronunci questa frase tenendo le braccia conserte e per di più dietro un leggio, chiaro segno di difesa e chiusura? Di norma, quando c'è discordanza fra messaggio orale e messaggio corporeo si fa affidamento solo sull'ultimo. Il contesto è fondamentale: se il vostro commensale si gratta la testa, primo non conosce il galateo, secondo non è detto che esprima dubbio e circospezione. È probabile che, semplicemente, abbia problemi di forfora.

Ovviamente le indicazioni che impareremo per l'analisi del nostro commensale potranno tranquillamente essere applicate in altri campi. Durante una cena a due, conoscere il linguaggio del corpo serve a capire, inviare e cogliere i segnali seduttivi o semplicemente di empatia.

In un pranzo di lavoro conoscere il linguaggio del corpo è utile per misurare le abilità, per studiare l'avversario e per concludere un affare.

Durante un pranzo in famiglia o tra amici conoscere il linguaggio del corpo è utile per cementare i rapporti.

Riconoscere bugie e segnali di seduzione

Ora riprendiamo come lasso di tempo le nostre famose quattro ore a disposizione, dalle 20 alle 24, e immaginiamo che i nostri protagonisti si siano incontrati dopo un breve corteggiamento.

Già al momento del saluto scopriamo tanti indizi. Esiste una vera a propria letteratura sulle varie tipologie di stretta di mano. Non le riportiamo tutte, ma sappiate che, all'unanimità, sia la stretta di mano a «pesce lesso» sia quella «a tenaglia» sono da evitare nella vita privata e nel lavoro, come pure per il galateo.

La prima denuncia una certa debolezza di carattere, una scarsa tonicità e una bassa energia vitale; la seconda una propensione al dominio e al comando, ma con una tendenza alla sopraffazione.

La mano va afferrata con fermezza e la stretta deve risultare salda, ma senza aggressività. Deve trasmettere energia vitale, né troppo fredda, né troppo sudata, né troppo stretta, né troppo molle. Stringere la mano è un'arte, e sapete bene quanta importanza abbia ai colloqui di lavoro.

Quando ho letto questo dato mi sono sorpresa: alcuni studi inglesi dimostrano che il giudizio su un candidato è condizionato al 30 per cento dalla prima impressione ricavata nei primi quattro minuti, quindi soprattutto dalla stretta di mano.

Se volete sapere chi, nel rapporto a due, ha una posizione di supremazia osservate quale palmo della mano rimane sempre sopra quella dell'altro: quella è la persona dominante. Osservate anche alcune coppie (e ovviamente il vostro modo di procedere con il vostro partner); di norma lei cammina qualche passo indietro e lui tiene la mano su quella di lei all'indietro in segno dominante.

Se, per esempio, mentre camminate il vostro partner vi appoggia un braccio sulla spalla evidenzia in un certo qual modo il desiderio di controllo e di potere. Oppure pensate a quelle coppie al ristorante dove lei e lui stanno vicini vicini uno di fronte all'altra, mano nella mano. Bene, osservate chi dei due ha le mani sopra (bastano i pollici!): è quello che comanda.

Per capire se uno è sincero può essere utile valutare il «rapporto temporale», cioè quanto tempo trascorre tra uno stimolo verbale e la risposta del corpo; non dovrebbero passare più di un paio di secondi. Cioè non dovreste aspettare per «leggere» la reazione del vostro interlocutore a uno stimolo: due minuti sono già troppi. Il suo Io razionale farebbe in tempo a bloccare l'inconscio che parla attraverso il corpo.

La maggior parte di noi è convinta che chi mente volga gli occhi altrove. Niente di più sbagliato. Il professore Paul Ekman della University of California ha studiato molti truffatori che invece mentono proprio usando il contatto oculare. In generale, nessuno ama trovarsi a tavola con una persona che ha invitato per poi vedere gli occhi dell'altro vagare per la stanza. Guardare negli occhi, senza dare l'impressione di essere un ispettore delle tasse, è assai utile per creare intimità, ma se il vostro commensale dopo una domanda a bruciapelo vi guarda negli occhi non pensate che sia per forza sincero.

Anche James Borg, psicologo del lavoro specializzato in comunicazione interpersonale, durante un seminario ha smentito l'ovvietà che chi è sincero guarda negli occhi. A una donna è stato dato un mazzo di carte da gioco e le è stato chiesto di mentire sporadicamente al relatore circa il loro valore.

È stata smascherata proprio per il suo sforzo di mantenere forzatamente il contatto visivo.

Il nostro cervello esercita un controllo dall'alto in basso, cioè dalla testa ai piedi, e la parte del corpo che parla di più è la sinistra. Così, se sospettiamo che le parole del nostro interlocutore non siano proprio trasparenti, focalizziamo l'attenzione su bacino, gambe e piedi del lato sinistro, anche se a tavola non è semplice. Per esempio, lei vi sta dicendo che si sente perfettamente a suo agio nel vostro salotto, ma i suoi piedi sono rivolti verso la porta d'ingresso? State certi che mente.

Esiste un sistema, il FACS (Facial Action Coding System) che codifica tutte le contrazioni muscolari: pensate che le espressioni del volto sono più di 10.000. Tra queste, alcune si manifestano e svaniscono nell'arco di una frazione di secondo (fino a 1/25 di secondo); sono le cosiddette «microespressioni» e bisogna essere davvero allenati per riconoscerle.

Emozioni sincere innescano reazioni immediate: questa è la norma da ricordare. Noi le leggiamo come espressioni del volto; queste poi vengono bloccate consciamente nel tentativo di controllarsi, ma con un lieve ritardo che provoca una fuga di informazioni. Data la loro velocità, queste microespressioni fulminee possono essere catturate solo con strumenti dotati di fermo immagine, oppure a occhio nudo da persone opportunamente addestrate. Ecco perché nel cinema (per esempio nella grandiosa serie americana *Lie to me*), nei tribunali, negli interrogatori, si filmano le dichiarazioni di imputati e testimoni; solo in questo modo è possibile cogliere sfumature infinitesimali. Diciamo che a tutti piacerebbe avere un video dei primi incontri galanti a tavola, per poi rivederseli a casa con calma. Possiamo accontentarci di leggere i gesti più plateali e, se vogliamo approfondire, seguire corsi di lettura del linguaggio del corpo.

Ancora, per valutare il grado di sincerità del nostro compagno di tavola dobbiamo allenarci a riconoscere il sorriso finto. Di norma chi finge di sorridere lo fa solo con la bocca, mentre gli occhi rimangono per lo più fermi. Ecco, un sorriso spontaneo dovrebbe provocare le cosiddette zampe di gallina, mentre i sorrisi «tirati» sono quelli di circostanza, o per esempio dei politici. Un altro indizio: nel sorriso vero tutta l'arcata sopracciliare si abbassa. Ma fidatevi anche un po' del vostro intuito e soprattutto ricordate le regole iniziali, quelle che dovrebbero garantirci un buon livello di comprensione: coerenza di almeno tre gesti e contesto.

Sottotesto del sorriso. Non posso farti del male, vedi che non sono pericoloso? La scienza ha ormai dimostrato che ogni volta che sorridiamo induciamo reazioni positive negli altri. Ricordatelo sempre.

Oltre a chiederci se il nostro interlocutore è sincero, è molto importante per noi scoprire se è interessato a quello che stiamo dicendo e se ci trova gradevoli. Immaginate un uomo che sta vedendo alla televisione la partita decisiva del campionato: ecco, quello è l'atteggiamento che esprime la massima attenzione per i maschi. Oppure una donna che osserva una fantastica torta al cioccolato o una borsa di Hermès in una vetrina; mentre vi ascolta dovrebbe avere proprio quell'espressione. Non siete obbligati a mantenere livelli di attenzione del genere, ma dimostrarvi interessati nei confronti del vostro interlocutore è di importanza strategica. Muovere le labbra, protenderle e leccarsi gli angoli della bocca, giocherellare con il bicchiere o con un oggetto sul tavolo, toccarsi lievemente i capelli sono tutti gesti che esprimono interesse e vengono letti come messaggi seduttivi. Anche toccarsi e lisciare la cravatta per gli uomini ha lo stesso significato, peccato che ora si porti molto meno. E per seduttivi non intendo affatto finalizzati alla conquista sessuale, ma semplicemente a suscitare nell'interlocutore benevolenza ed emozioni positive.

I capelli sono, ahimé anche a tavola, oggetto di attrazione. Possono essere accarezzati, accomodati (anche dagli uomini), una ciocca può essere arrotolata su un dito o intrecciata. Tutti segni di gradimento.

Tra i gesti utili da leggere e da mettere in atto c'è «il

capo reclinato». Potrete adottarlo voi stessi o leggerlo nei vostri interlocutori. Ricordate questa importante regola generale: mostrare il collo, i polsi e i palmi delle mani suscita benevolenza, tenerezza e desiderio di protezione. Ancora una volta, si tratta di comportamenti geneticamente acquisiti. Si mostra il collo quando non si teme di essere attaccati dal nemico; i polsi liberi e le mani aperte verso l'alto un tempo indicavano che l'uomo non era armato. La stretta di mano, che presso gli antichi coinvolgeva anche gli avambracci, aveva proprio questa funzione.

Pensate a tutte le immagini dei religiosi: palmi in vista. E ora pensate alle fotografie di Hitler con il braccio teso e il palmo rivolto in giù, come a voler schiacciare il mondo.

Ma torniamo per un secondo al capo reclinato.

Fate una prova; formulate una richiesta con un tono di voce neutro, tipo «Mi accompagneresti domani alla conferenza sull'estinzione della foca monaca?», insomma una domanda cui è difficile dire subito sì, e provate a chiederlo mantenendo il capo eretto, e poi fate la stessa domanda con il capo leggermente reclinato di lato e usando un tono più accattivante. L'effetto è sorprendente.

Un adulto che vuole ottenere qualcosa da un altro o desidera apparire attraente accenna un sorriso e inclina il capo di lato, e per la precisione, secondo la sinergologia, inclinare a sinistra indica benevolenza, a destra un atteggiamento critico. Tuttavia, in assoluto è un gesto completamente privo di aggressività.

Vi ricorrono spesso i bambini, le donne, ma anche gli uomini. Il sottotesto è: non farti ingannare dal mio aspetto, in verità sono innocuo come un bambino e vorrei appoggiare il capo sulla tua spalla. Non puoi dirmi di no, te lo sto chiedendo mentre sono indifeso.

È anche il residuo di un comportamento infantile, quando

il bambino appoggia il capo sul petto di un genitore per trovare protezione. Diversi studi mostrano come, davanti a questo gesto che suscita tenerezza, diminuisce subito l'aggressività.

Lo sguardo è tutto. Le donne lo sanno usare meglio. Quando stiamo bene e vogliamo manifestare benessere tendiamo a guardare più spesso l'altro a livello degli occhi e meno sul resto del volto o su mani o tronco.

Anche gli antichi sono sempre stati affascinati dalle pupille, ma solo negli ultimi vent'anni si è iniziato a studiare tutti i fenomeni annessi: si chiama pupillometria. Ormai è dimostrato che quando proviamo piacere le pupille si dilatano: questo è un indizio infallibile.

Le pupille si dilatano anche quando c'è poca luce, ecco perché nei locali romantici le luci sono tendenzialmente basse. Adesso però non mettetevi a scrutare nel bulbo oculare i vostri compagni di tavola come un etomologo, basterà un minimo di osservazione.

Tenete conto che le pupille non sono controllabili a livello conscio. In determinate condizioni di luce le pupille si dilatano o si contraggono a seconda dei cambiamenti di atteggiamento e di umore: quando un individuo si trova in uno stato di eccitazione le pupille si possono dilatare anche di quattro volte rispetto alla dimensione normale; viceversa, in presenza di uno stato d'animo negativo o infuriato si contraggono, dando luogo al ben noto «sguardo da vipera». La parte bianca dell'occhio si chiama sclera, attenzione: più «bianco» vedete, più furioso è il vostro interlocutore.

I popoli nord-europei e i giapponesi tendono a evitare di guardare in modo prolungato i propri interlocutori, mentre nelle culture latine o arabe lo sguardo prolungato è segno di sincerità e interesse verso l'altro.

Un altro segno di piacere ci arriva dall'ammiccamento

palpebrale: quando l'interlocutore ci piace, le ciglia vengono sbattute anche quattro volte di più e più velocemente. E questo non vale solo per le ciglia truccate delle signore. Numerosi segni di gradimento sono poi collegati alla regione della bocca: la lingua può passare sul labbro superiore; le labbra possono essere mordicchiate, premute o spinte verso l'esterno; mentre si ascolta, la bocca è dischiusa e talvolta vi si appoggia sopra un dito.

Ricordate, come abbiamo già detto, che le mani vicino alla bocca sono anche uno dei segnali di falsità. Cosa fa un bambino che mente? Spesso nasconde le mani dietro la schiena, oppure appena dopo aver svelato un segreto si porta le mani alla bocca. Noi abbiamo mantenuto questa reazione, solo che, come adulti, mascheriamo il gesto fermandolo in prossimità della bocca. A volte può evolvere in uno sfregamento del naso o in un dito sulle labbra.

Altri indizi

Anche la voce e il timbro ci dicono molto. Quando un uomo vuole sottolineare la propria virilità abbassa il tono, e la sua voce diventa più grave e profonda, molto gradita alle donne. Le quali forse non sanno che questo timbro è collegato al livello di testosterone.

La donna, da parte sua, usa toni più alti e acuti per esaltare la propria femminilità.

Diverse ricerche, anche nel mondo animale, dimostrano che in una situazione di corteggiamento i due soggetti tendono a esaltare e a mettere in mostra le differenze tra i sessi.

Gli individui pignoli, metodici e razionali a tavola sono compassati, e il gesto che fanno più di frequente è tagliare con le mani l'aria per puntualizzare ogni cosa.

Peraltro, questi individui hanno altre peculiarità sul piano non verbale: a tavola tendono a sistemare posate, oliera e altre suppellettili secondo un loro schema; sulla scrivania o nella loro stanza tutto è ordinato. Sono gli ipercontrollati, un po' pignoli e maniaci dell'ordine, gesticolano molto e in modo esuberante. Inoltre tengono un tono di voce alto.

A cosa dobbiamo mirare senza snaturarci? A una voce profonda e calda e a un modo di parlare rassicurante. I gesti devono sembrare spontanei ed eleganti come quelli di un esperto artigiano.

L'antropologo Desmond Morris dice che le mani sono, per gli esseri umani, ciò che la bacchetta è per un direttore d'orchestra. Non è sbagliato gesticolare a tavola, basta non esagerare rischiando di far cadere bottiglie e bicchieri. Il galateo più rigido non incoraggia il gesticolare.

Tuttavia sono stati analizzati bambini italiani e americani: è stato dimostrato che in entrambe le culture i bambini che gesticolano hanno maggiore facilità nell'apprendimento e nello sviluppo linguistico complessivo. La psicologa Susan Wagner Cook, in una ricerca pubblicata su *Science*, ha analizzato due gruppi di bambini delle elementari che dovevano risolvere esercizi di matematica complicati. Quelli del primo gruppo sono stati invitati a gesticolare liberamente, agli altri è stato chiesto di tenere ferme le mani. I primi hanno risolto i problemi molto più brillantemente dei secondi.

Sempre riguardo al gesticolare, i coniugi Pease hanno effettuato un esperimento obbligando alcuni oratori a tenere un discorso con le mani chi rivolte verso l'alto, chi verso il basso. La platea ha attribuito l'84 per cento dei consensi a quelli che avevano tenuto il discorso con il palmo per lo più verso l'alto.

Ricordatelo quando siete seduti a tavola e volete convincere il vostro capo o piacere ai vostri commensali.

Qui vale lo stesso discorso che abbiamo fatto per il sorriso: è dimostrato che, se ci sforziamo di mantenere i palmi all'insù, il che è indice di trasparenza, e di sorridere, non solo condizioniamo il nostro stato emotivo positivamente ma, per il principio dello specchio, riusciamo a influenzare anche il nostro interlocutore. Il meccanismo è davvero semplice, come tutte le cose geniali. Se ci esercitiamo a inviare segnali positivi (sorridere, mostrare i palmi, reclinare il capo) il nostro interlocutore si adeguerà inconsciamente ai nostri gesti, in una sorta di sintonizzazione emotiva. Provare per credere.

Alcuni si presentano a cena come a un colloquio di lavoro: non fatelo, rischiate di rovinare tutto comportandovi da commensale ansioso.

Riconosciamo tali individui dai seguenti indizi: parlano in tono un po' stridulo, si agitano nervosamente sulla sedia, hanno difficoltà a tenere lo sguardo su di voi e vagano incessantemente con gli occhi. Se si sfregano le mani violentemente e si agitano toccando convulsamente le posate o il volto, è chiaro: sono agitati.

Altra regola da ricordare bene: più una parte si trova lontana dal cervello meno riusciamo a controllarla. Capire questo ci permette di comprendere meglio anche la parte del corpo che resta nascosta sotto il tavolo. La direzione dei piedi è certo più sintomatica quando siamo in piedi o seduti su un divano, ma anche sbirciare sotto la tovaglia può essere utile.

Decine gli studi dimostrano che uno degli indici di menzogna è il movimento dei piedi. Ekman ci dice che il piede del mentitore è abbastanza agitato. Sarà per questo che, in molti colloqui di lavoro, i dirigenti se ne stanno ben protetti dietro le loro scrivanie. È vero, a tavola è molto più difficile ma, per aumentare il nostro campo di osservazione, basterà invitare la nostra amica o amico di turno a bere qualcosa in un locale dotato di bancone senza tavoli che impediscono una visione totale.

Attenzione al piede che dondola e ricordate che la reazione deve seguire quasi immediatamente lo stimolo verbale. Voglio dire, non restateci male se lui dondola il piede quaranta minuti dopo che gli avete chiesto «Ma io ti piaccio veramente?» La domanda è stupida comunque: il vero seduttore, di entrambi i sessi, sa perfettamente se piace o no. I piedi incrociati denotano chiusura, il messaggio è un po' lo stesso che riceviamo quando le braccia sono conserte, anche se in questo caso il segno di rifiuto è meno accentuato.

Chi si avvinghia alle gambe della sedia ci sta dicendo che non cambierà idea e che nessuno lo smuove dalle sue opinioni.

Tutti gli studi confermano che nel 90 per cento dei casi è la donna a prendere l'iniziativa, anche se può sembrare il contrario. È lei che manda segnali con viso, mani e corpo, e la riuscita di un incontro dipende soprattutto dalla capacità maschile di cogliere questi messaggi. È anche vero che, se siete arrivati sin qui, cioè a sedervi allo stesso tavolo, significa che i segnali sono stati ben inviati.

Vediamo schematicamente i segnali di corteggiamento femminili:

- Gettare indietro il capo e scostarsi i capelli dal viso.
- Sorridere e cercare gli occhi dell'altro con lo sguardo.
- Giocherellare con i capelli e attorcigliarli su un dito.
- Pavoneggiarsi spostando il busto in avanti e indietro.
- Accarezzarsi il corpo, il collo, la gola.
- Mostrare i polsi o tenere il polso rilassato.
- Tenere le labbra semiaperte e sporgenti.
- Giocherellare con un oggetto cilindrico, o sfilare e infilare un anello dal dito.

- Sollevare una spalla guardando da sopra di traverso.
- Tenere la borsetta vicino all'uomo.
- Dondolare la scarpa sulla punta del piede.

Gettare indietro il capo e scostarsi i capelli dal viso ha come sottotesto: ti faccio vedere il mio viso, per mostrarti come voglio essere bella ai tuoi occhi. È incredibile come anche le donne dai capelli corti ricorrano impercettibilmente a questo gesto.

Pavoneggiarsi, per le donne, significa tenere il busto in evidenza per mostrare il décolleté e poi, subito dopo, avvicinare il capo a quello di lui. Per osservare le gambe sotto il tavolo sono necessarie pratica e astuzia, anche se il gesto di accavallare è più comune su un divano o una sedia al di fuori dell'ambito conviviale. Se i piedi di lei sono rivolti all'interno, un po' come fanno i bambini, vi sta dicendo: mi sento fragile come una fanciulla.

Toccarsi alcune parti del corpo, quelle visibili a tavola, è un modo per dire inconsciamente: queste cose mi piacerebbe le facessi tu.

Mettere in mostra i polsi è facile quando si è seduti a un tavolo. Basta tenere i gomiti sul tavolo tra una portata e l'altra (anche se non si dovrebbe) e il gioco è fatto. Mostrando i polsi ti dico: sono disarmata davanti a te e gli antropologi sostengono che richiami l'ala spezzata degli uccelli.

Avete presente le fotografie delle dive americane degli anni Cinquanta? Quasi tutte si mettevano nella stessa posa da bomba sexy. Guardavano maliziosamente l'obiettivo di lato dietro una spalla sollevata. Funziona sempre, anche se il gesto non è più così accentuato.

La borsetta, si sa, è un po' l'emanazione dell'universo di ogni donna e tenerla accanto all'uomo denota il desiderio che lui entri nella nostra sfera più intima, senza sentirci invase.

Sebbene il galateo non preveda che la borsetta venga messa sul tavolo.

Se una donna vi chiede di prendervi qualcosa dalla borsetta, allora siamo già in una fase di confidenza. Quando si alza, la donna può usare la borsetta come una sorta di scudo: avete presente le foto della regina Elisabetta? In quel caso, stiamo dicendo: «È il caso che mi protegga da eventuali attacchi».

Dondolare la scarpa sulla punta del piede è un chiaro messaggio sessuale, ecco perché gli uomini ne rimangono così colpiti.

Ecco come il corpo di lui ci vuole sedurre e ci parla. Se lo vediamo:

- Sistemarsi la cravatta, lisciandola per tutta la lunghezza.
- Passarsi un dito nel collo della camicia.
- Spazzolarsi gli abiti con le dita o farlo sui nostri abiti.
- Toccarsi polsini e orologio.
- Stare in piedi a gambe allargate (prima di sedersi a tavola).
- Infilare le mani nella cintura esibendo la zona inguinale.
- Divaricare le gambe da seduto.
- Giocherellare con le chiavi della macchina, l'accendino o con altri oggetti.
- Abbassare il tono di voce.

Come i maschi di tutte le specie animali, l'uomo di fronte a una potenziale partner si pavoneggia con una serie di gesti. È stabilito che, nei primi incontri, chiacchiera di più, anche con l'obiettivo di mettere a proprio agio e far parlare la donna; proseguendo nella relazione racconta sempre meno di sé e sempre più il dialogo esprime informazioni. Peccato che all'inizio vi parli dei propri sogni e dopo un anno del mutuo.

Gli studiosi hanno ormai dimostrato che tutta la strategia di corteggiamento nel maschio umano si focalizza, inconsciamente, sulla zona inguinale. E non servirà a nulla anche al più evoluto intellettuale negarlo: è così. Pensate alle foto che ritraggono muscolosi giovanotti con le mani in tasca tranne i pollici, un chiaro messaggio a focalizzare lo sguardo da quelle parti. Il maschio, persino il più insospettabile, tende inconsciamente a mettere in evidenza l'inguine. Il che può avvenire anche indossando pantaloni aderenti o portando un voluminoso mazzo di chiavi appeso alla vita, lasciando un lembo della cintura penzolare fuori dai passanti. Insomma ogni espediente è utile per darsi quella che gli studiosi di linguaggio del corpo chiamano «sistematina». Noi donne non faremmo mai una cosa simile.

E non mancano i signori che si esercitano sotto la tovaglia: l'istinto è troppo forte.

A proposito di simboli fallici, se volete misurare l'interesse di una donna (ma non solo), invitatela fuori e spostate appositamente la cravatta di lato: se lei si metterà a raddrizzarla il messaggio sottinteso è «Così sei più in ordine e mi piaci di più». È vero, oggi la cravatta si porta meno, lo stesso esperimento lo potete fare con la «prova pelucco», e questo vale per entrambi i sessi. Appoggiate un pelucco o un granello di polvere su un braccio e state a vedere cosa succede.

7. Giro del mondo in nove tavole

Una divertente definizione di italianità e lezione di antiprovincialismo è quella di Ferdinando Martini nel suo *A zonzo*, scritto all'inizio del Novecento: «Siete troppo linfatico per un greco, troppo vivace per un olandese, parlate da mezz'ora con un uomo di cui non sapete il nome, non siete tedesco. Parlate poco, non siete francese. Viaggiate senza servitori, non siete russo; non avete ancora lodato l'Ungheria, non siete ungherese; avete dato la mancia al facchino, non siete svizzero; non avete le mani sudicie di tabacco, non siete uno spagnolo. Non portate diamanti alla camicia, non siete un americano del sud; non vi pigliate i piedi in mano, non siete un americano del nord. Dunque siete un italiano!»

Dopo aver sostenuto che gli italiani a tavola spesso sono maleducati, diamo un'occhiata al resto del mondo. Solito pericolo: generalizzare, ma io mi limiterò a darvi qualche consiglio base per non essere in difficoltà nel caso troviate un fidanzato giapponese o vi assumano in una multinazionale americana.

In fondo l'idea che il livello di civiltà di un popolo si misura a tavola è un po' il concetto più volte ribadito in questo libro. E questo vale in tutti i paesi, quindi non lamentatevi se non vi riconoscete nei comportamenti da me descritti. Tutto dipende dalle vostre frequentazioni, se uscite a pranzo solo con professori e appartenenti alla classe colta di una città sarà più difficile riscontrare comportamenti da zotico, come direbbe Della Casa. In ogni paese potrete imbattervi in commensali beneducati e maleducati. Ovunque la buona educazione a tavola è una questione di rispetto più che di lauree e di denaro.

Dalle tavole del mondo si può giungere alla comprensione più approfondita e curata della storia, delle religioni, del modo di vivere e di pensare di intere popolazioni.

Se ci troviamo all'estero e siamo invitati in case private sarà difficile informarsi sui gusti dei padroni di casa in modo da procurarsi un dono personalizzato, quindi avvaliamoci dei soliti dolci, fiori e vino, anche se ribadiamo che da noi non sono il massimo del galateo. All'estero sono graditi i doni che vengono dal nostro paese e per questo si può fare un'eccezione alla regola.

Altra regola che forse avrei dovuto inserire tra le più importanti è ricordarsi di disdire un tavolo se si cambia idea; in alcuni paesi, per i ristoranti stellati, c'è addirittura una mora per chi non disdice una prenotazione, ecco perché chiedono il numero di carta di credito.

Prenotare un tavolo è sempre educato e consigliabile, a meno che non stiate andando da McDonald's. Se siete in ritardo avvertite, altrimenti potreste trovare altri commensali al vostro posto. E, se siete costretti a rimandare la cena, ricordate di disdire: spesso i ristoranti hanno lunghe code d'attesa e potrebbe capitarvi di essere proprio in una di quelle liste.

Ma vediamo caso per caso.

Gli americani con una buona educazione, per esempio, sono molto attenti all'etichetta nel mangiare e spesso arrivano a giudicare una persona solo dal modo in cui si comporta a tavola. Giuseppe Prezzolini nel suo libro *Maccheroni & C.* ci racconta come durante un pranzo di universitari un titolato professore di diritto venisse giudicato molto male dai suoi colleghi perché a tavola usava il coltello per mangiare i piselli. Interessante quando spiega lo sforzo degli americani per arrotolare gli spaghetti in maniera civile. Del resto gli spaghetti sono banditi dai pranzi protocollari anche in Italia perché mettono in difficoltà gli ospiti stranieri, e sfido tanti connazionali a imbarcarsi nella prova «pasta lunga» senza risucchi e schizzi di sugo. A proposito, gli spaghetti si mangiano senza l'aiuto del cucchiaio, beninteso. C'è di buono che gli americani non hanno tabù e, se riuscirete a creare un ambiente amichevole, sarete l'ospite più invitato. La sera la cena va dalle 19 fuori città alle 20 in *town*.

Le regole del galateo sono come le nostre, attenzione a non iniziare a mangiare prima della padrona di casa. «Quando vengono in Italia ci fanno impazzire per il caffè» dice Marco, cameriere di un ristorante in Santa Croce a Firenze. «Ne prendono di incredibili. Molto lunghi, molto americani, con l'aggiunta di varia roba. E si lamentano se il caffè è ristretto. Me lo fanno rifare e chiedono: 'Aggiungere, aggiungere'. Aggiungere cosa? Acqua, latte... non bastano mai. Una volta mi hanno chiesto la schiuma a parte. Mi domando ancora cosa volesse dire».

Se vi invitano in una casa privata negli Stati Uniti portate fiori o vino. Nei film americani, quando in una scena si cucina, si vede sempre che stanno tagliuzzando delle verdure, fateci caso. Poi, l'attore ogni tanto beve un sorso di vino da un bicchiere accanto al tagliere.

I manager più educati sono proprio gli americani. Si pensa siano molto informali, invece sono attentissimi alle forme di cortesia e al look. E sono abituati a frequentare lezioni di *business etiquette* nelle facoltà di economia; se non lo hanno fatto corrono ai ripari da adulti. E, per finire, in America si lascia la mancia, sempre. I lavori come quello di cameriere sono pagati meno proprio perché prevedono che si arrotondi con la generosità degli avventori.

Lasciate almeno il 15 per cento del conto. E se l'aspettano tutti: la guardarobiera, il cameriere, il fattorino, il ragazzo che consegna la pizza eccetera.

In Spagna gli invitati dello stesso sesso che si conoscono si abbracciano con molta enfasi, negli ambienti di lavoro i rapporti sono più formali e si limitano alla stretta di mano. Nella conversazione non si toccano i soliti discorsi, proibiti anche per noi: sesso, salute e soldi. Il pranzo è previsto dalle 15 e la cena molto tardi, tra le 22 e le 23. Il «ritardo» formalizzato è di circa 20 minuti. Portate i fiori se vi invitano, compresi i crisantemi, che lì sono graditi; evitate di indossare i jeans, specialmente la sera, e gli uomini devono avere la giacca. Per i signori, a fine pasto sarà il momento del sigaro: la tradizione di produzione e consumo di tabacco in Spagna è antichissima e molti spagnoli ancora oggi ritengono che un buon pasto si possa concludere degnamente solo con un ottimo sigaro. Gli spagnoli non usano fare scarpetta, mentre in Francia è un vero tabù.

Chi viaggia in Francia eviti assolutamente gli argomenti politica, razzismo e religione, mentre i temi un po' *osé* non sono banditi. Regalate fiori ma non garofani o ortensie. Molto graditi sono i cioccolatini e una bottiglia di champagne. La mancia in Francia non è d'obbligo, è inclusa nel conto. Se però il servizio è stato particolarmente eccellente, lasciate almeno il 5 per cento, chissà che non si ricordino di voi alla prossima prenotazione. La doggy bag, cioè il sacchetto con ciò che non si è riusciti a mangiare e che si porta a casa, oggi è contemplato e ammesso, ma non chiedetelo nel ristorante stellato o dopo un pranzo di lavoro.

A tavola i rebbi delle forchette vanno all'ingiù e ai padroni di casa e agli ospiti ci si rivolge con Madame e Monsieur.

In Germania si dice Herr seguito dal cognome e Frau per le donne. Sappiate che i titoli vanno sempre riportati e che si tiene molto alle gerarchie, il tu si usa solo in amicizia e la compostezza è la dote più apprezzata. Non chiedete nulla della vita privata durante una conversazione a tavola, potrebbe sembrare invadenza. Gli orari degli inviti per i pasti sono simili ai nostri con la differenza il ritardo non è tollerato, anzi si arriva qualche minuto prima. Bene accetti i fiori alla padrona di casa, ma prima toglieteli dalla confezione, lì non si usa. Le posate principali, forchetta e coltello, si tengono entrambe a destra e il coltello non si usa per le patate, ingrediente nazionale. La sera si usa cambiarsi sempre per la cena ed è gradito un abbigliamento elegante. Poi, cosa sia un capo elegante in Germania non è il caso di approfondire.

Dice il mio concittadino Beppe Severgnini (e lui è un grande viaggiatore) che gli inglesi non hanno nulla da insegnarci in quanto a etichetta a tavola, ma lì c'è la netta separazione tra *working class*, *middle class* e *upper class*: ciascuna ha le sue regole.

In *La testa degli italiani* Severgnini dice che in una famiglia borghese nel Regno Unito di norma si comunica con post-it incollati all'anta del frigorifero, e ciascuno mangia spesso da solo, magari in piedi tra un corso di yoga e una partita di squash. In Italia saremo un po' cafoni, ma se non altro mangiamo tutti insieme almeno una volta la settimana.

In molte famiglie inglesi si fa il *Saying Grace*, usanza religiosa che prevede, prima di iniziare a mangiare, di pronunciare una breve preghiera di ringraziamento per il cibo. Nel parlare moderiamo la voce e negli approcci i «giochi di mano» (toni alti, rumori, abbracci e pacche sulle spalle) sono poco graditi. Tuttavia sono rimasta davvero stupita durante la mia ultima visita a Londra da quanto sono rumorosi i ristoranti anche stellati della città. Non affrontate i soliti discorsi tabù, e il fatto che gli inglesi amino parlare del tempo non è solo un luogo comune: serve per rompere il ghiaccio. Ricordate che gli inglesi sono *British* e non *English*, imparate a distinguere irlandesi e scozzesi dagli inglesi. Non è obbligatorio portare doni ai padroni di casa, ma sarà gradita una bottiglia di vino. L'invito per un *dinner* può essere alle 19 oppure alle 18.30 per un *tea time* a base di abbondanti piatti freddi. Lo *slurping* (trangugiare, bere rumorosamente) va assolutamente evitato anche da loro. Vietato anche «pucciare» in tutto il Regno Unito in qualunque liquido, dal tè all'uovo à la coque.

Le mani vanno in grembo se non sono utilizzate, come vedremo. L'abbigliamento deve essere sobrio e i jeans non sono apprezzati, così come le cravatte regimental che indicano l'appartenenza a un club. Gli inglesi amano consumare formaggio a fine pasto e gli stuzzicadenti, al supermercato, non sono mai nel reparto casalinghi, ma in quello degli articoli da party (servono per infilarci le olive e non per pulirsi i denti). Il pane non viene servito a tavola, tranne che imburrato come accompagnamento al salmone. In molte famiglie vige ancora l'uso antico di dividere i due sessi alla fine della cena: le signore sono invitate a *powder their noses* (incipriarsi il naso) e bevono sherry, mentre gli uomini rimangono seduti a tavola a sorseggiare porto e fumare sigari.

Se il porto viene servito in tavola viene passato in senso orario e non si versa mai al proprio vicino: ognuno si serve da solo.

Nei paesi del Centro e Sud America le persone di un certo riguardo metteranno Don e Doña davanti al vostro nome. La cena inizia sicuramente dopo le 21 e il ritardo accettato può arrivare anche a un'ora. Ecco, in questa cultura è meglio mandare fiori il giorno dopo e non portare nulla di commestibile, facendo pensare che il menu debba essere rinforzato: è considerato offensivo. Fanno eccezione prodotti come souvenir di un paese straniero. Urge una parentesi.

Anche qui, come negli Stati Uniti e nel Regno Unito, tra una portata e l'altra si tengono le mani in grembo. Il francese (come l'italiano) le appoggia sul tavolo fino al polso, mentre l'inglese beneducato le tiene in grembo. Il galateo a tavola, come noi lo conosciamo oggi, si sviluppa in Francia, in un'epoca di veleni e tradimenti, perciò si impose la regola: entrambe le mani ben visibili ai commensali, quindi sul tavolo. L'Inghilterra non poteva accettare un'imposizione francese, era ancora bruciante la perdita dei territori sul suolo continentale dopo la guerra dei Cent'anni (1337-1453). Ecco perché gli isolani decisero per la mano in grembo, anziché appoggiata al tavolo, ben visibile: spirito di contraddizione!

Ricordo, a proposito, il motto di una severissima anziana anglofila baronessa fiorentina che diceva: «*Jamais, parfois, toujours*» e cioè «Mai, qualche volta, sempre», dove ogni avverbio si riferisce a una posizione, rispettivamente: gomiti sul tavolo, avambracci appoggiati e mani in grembo.

Tornando al Sud America, l'abbigliamento di sera è piuttosto formale, quindi sono gradite giacche e cravatte e per le signore sconsigliati i pantaloni in alcune cerimonie ufficiali. Ricordate cosa abbiamo detto dello spazio personale e della prossemica: in questi paesi le distanze sono ravvicinate ed è normale che quando qualcuno vi rivolge la parola si avvicini molto; non ritraetevi. Ho potuto verificare di persona; più si va a sud più le distanze si accorciano, più si va a nord più aumentano. Lo stesso avviene tra abitanti di campagna e di città: i primi, insieme a chi vive in montagna, staranno più scostati e vi daranno la mano restando arretrati con il corpo, mentre chi vive in una grande città (abituato a tram e metropolitana affollati) accorcia le distanze.

In Sud America evitate, se siete voi che invitate, di cucinare coniglio: è considerato un animale da compagnia.

Nei paesi islamici si salutano con rituali lunghi e si baciano più volte; con gli occidentali usano la classica stretta di mano. Tra uomo e donna non deve avvenire alcun contatto fisico. Nella presentazione evitate di tenere lo sguardo fisso sul volto, molto meglio uno sguardo basso e reverenziale.

Nella conversazione non ci si informa mai dello stato di salute delle mogli; è considerata un'invasione di campo, così come ogni battutina sulla condizione femminile. Il pranzo è intorno alle 14 e la cena alle 22: siate puntuali. Non intestarditevi a voler pagare il conto, è offensivo, paga chi fa l'invito, come da noi. Di norma non si porta nulla e ovviamente, se il dono è d'obbligo, sono vietatissimi gli alcolici e prodotti che contengano carne di maiale. Se siete voi a invitare, informatevi sul Ramadan che cade in mesi diversi ogni anno. In questo caso ogni convivio slitterà dopo il tramonto. Ricordate che canottiere e pantaloni corti sono un insulto al buon gusto anche se indossati dai maschi. Val la pena aprire una parentesi sull'abbigliamento. L'occidentale che, nell'immaginario di certi paesi, è ricco e stimabile, se arriva seminudo si comporta come un indegno, come uno di una casta inferiore che non può permettersi una camicia.

«Questo provoca un vero e proprio cortocircuito mentale in chi lo accoglie nel suo paese» dice anche Barbara Ronchi della Rocca nel suo libro dedicato al galateo del viaggiatore. Lo stesso, come abbiamo visto, vale per i jeans, che da noi sono ormai sdoganati come abbigliamento per tutte le occasioni; in molti paesi non vengono compresi.

In Australia, per esempio, sono considerati una divisa destinata ai lavori più umili della campagna, quindi guai a indossarli anche per una cena tra amici.

Iran, Siria e molti paesi islamici considerano i jeans un abbigliamento maledetto, per via dell'origine americana. Un po' come camicie e pantaloni stile militare in Zimbabwe, Zambia e Botswana.

Se cercano di convincervi che nei paesi islamici è accettato un rutto a fine pasto come segno di gradimento non credeteci, è un gesto al limite tollerato, ma non incoraggiato.

In questi paesi, come nel sud dell'India e in Indonesia, la sinistra si usa per la pulizia del corpo, fate quindi attenzione a passare le portate al vostro vicino con la mano destra.

In Giappone evitate il più possibile il contatto fisico, anche la stretta è inusuale; meglio l'inchino.

Se siete invitati mostrate deferenza e ammirazione verso i piatti che vi vengono offerti. I giapponesi adorano che la propria tavola venga ammirata; infatti le presentazioni dei cibi sono attentissime alle proporzioni, ai colori e alla composizione. I commensali si presentano con il cognome e usano *sun* davanti al vostro, che significa onorevole. Il che non è un'offesa, come sta diventando nel nostro paese. Usate i biglietti da visita, lì sono indispensabili, e porgeteli con entrambe le mani: è un segno di deferenza. Starnutire, soprattutto a tavola, è uno dei gesti più maleducati che potreste fare, cercate di ricordarlo. Vige l'assoluta puntualità e, se entrate in casa d'altri, toglietevi le scarpe in segno di rispetto. Non portate fiori, tipico dono del corteggiamento; ben graditi i dolci, avvolti nella carta rossa, segno di gioia. Mai però nel numero di quattro e nove, considerati numeri nefasti. A tavola non si usano tovaglioli, ed è apprezzato l'uso delle bacchette per portare il cibo alla bocca;

tuttavia, per evitare pasticci potrete chiedere una forchetta, in mancanza di meglio usate le dita. Nella conversazione siate sempre calmi e pacati e soprattutto sorridenti.

Non versate nulla sul riso e cercate di non avanzare nulla, sarebbe maleducato.

Non servite prodotti caseari fermentati se avete al tavolo giapponesi o cinesi; non li gradiscono e sembra che non siano digeribili per loro a causa dell'assenza di alcuni enzimi intestinali.

Nell'abbigliamento, le donne evitino vestiti sgargianti e profumi intensi. Lo stesso vale nell'occidentalissimo Canada, dove il profumo infastidisce quanto una sigaretta. E, per finire, non lasciate la mancia, sarebbe un'offesa, dal momento che il lavoro per loro è una missione.

Anche in Cina è molto apprezzata ogni forma di autocontrollo. Durante le presentazioni si osservano rigidamente le regole e le gerarchie, che vedono al primo posto sempre l'uomo più anziano e la persona di maggior prestigio. La cosa vale anche per la conversazione: vietato toccare argomenti delicati. Gli inviti sono rari e di norma sono intorno alle 18, perché dopo le 21 i trasporti pubblici sono scarsi. I regali sono graditi, ma devono essere estesi a ogni componente della famiglia.

A tavola si aspetta sempre che sia chi invita a dare i tempi. Accanto al vino ci sarà una coppetta per il tè, mentre l'acqua non è prevista.

In Israele usate i biglietti da visita, vi serviranno, ci tengono molto a ruoli e cariche. Gli anziani godono giustamente di grande rispetto e, quando entrano in una stanza, ci si alza in piedi. Nella conversazione tutto è permesso, tranne ovviamente riferimenti alla questione palestinese. Sono apprezzati i fiori e una bottiglia di vino come regali per i padroni di casa.

ABC dello Psicogalateo. Per sapere sempre, velocemente come comportarsi

Come mangiare con garbo una lumaca, ma anche come rispondere al piedino importuno di un commensale audace. Questo ABC gioca ironicamente su due piani: il galateo contemplato e ufficiale e lo Sgalateo delle cene confidenziali a due, dove regna la trasgressione delle regole. Spesso e volentieri sono opposti ma possono, anzi devono, convivere.

Abito. Non è la sede per sviscerare il vademecum di come vestire a tavola, ma è utile rinfrescare un paio di consigli. Quando ricevete un invito, assicuratevi bene del tono che avrà l'incontro, tanto per non presentarvi a un picnic con i tacchi a spillo e a una serata chic con una renna ricamata sul maglione di lana. Una manciata di consigli utili a entrambi i sessi: gli uomini sono svincolati dalla cravatta, tranne in rare occasioni; direi che con una giacca e una camicia si può andare quasi ovunque. Alle donne ricordo la straordinaria versatilità del tubino nero. Investite un minimo per procurarvene uno di buon taglio e tessuto e poi sbizzarritevi con gli accessori. Ah, dimenticavo, l'uomo che indossa la calza bianca su molte signore ha un effetto repellente: regolatevi.

Alle cene molto formali aleggia un leggero profumo di naftalina, avete mai notato? Sono gli abiti eleganti degli uomini, come frac e smoking, prelevati dall'armadio per l'occasione.

Accompagnare. L'uomo di classe entra per primo in un locale pubblico ed esce per secondo. Il motivo è semplice: il maschio dovrebbe ispezionare il locale prima di considerarlo degno di ospitare una signora. Nelle case private la regola non vale e l'uomo cede sempre il passo alla donna. L'accompagna al tavolo e le scosta la sedia. Per strada sta sempre all'esterno del marciapiede e lungo una scala, salendo, segue la dama e in discesa la precede, questo per arginare i danni con il suo corpo nel caso di rovinose cadute.

Aeroplano. In aereo si mangia piuttosto male. Certo in prima classe o in business è tutta un'altra cosa, il trattamento è migliore. In business class si beve meglio di quanto si mangi. I famosi vassoi per lo spuntino sono riservati ai voli più impegnativi. Questo non vi autorizza a far impazzire il personale di servizio con richieste di whisky o champagne costosissimi. In tutti i casi: attenzione agli spruzzi, alle briciole e ai gomiti. E lasciate in pace quelle povere assistenti di volo.

Aglio. Insieme alla cipolla è alla base della cucina mediterranea e rimane un ingrediente fondamentale. Se avete ospiti, evitate di usarli a crudo poiché molti possono non apprezzare. In una cena a due cercate di capire subito se all'altro piace o dà fastidio. Nel caso, tenetevi a portata di mano un chicco di caffè o delle ottime mentine alla violetta. Lo Sgalateo lascia la più assoluta libertà.

Albergo. Che nostalgia le vacanze in albergo! Il momento dei pasti, poi, è la platea ideale per studiare un popolo e i suoi costumi. Presentatevi sempre negli orari previsti (anche per la prima colazione), non parlate ad alta voce soprattutto se avete una sfilza di pargoli e salutate gli ospiti dei tavoli vicini prima e dopo ogni pasto. Al momento di andarsene la donna si alza per prima e si allontana seguita dal resto della famiglia.

Albicocche. Come affrontare la frutta? Il problema al ristorante è pressoché inesistente, dal momento che ormai quasi nessuno ordina frutta fresca, e quindi in carta non si trova. E se anche questo avvenisse di solito viene servita già tagliata a pezzi (una cosa che apprezzo molto). Ma quando si è invitati in case private, come si mangia un'albicocca e tutte le altre varietà di frutta di quel tipo? Si depongono nel piatto, prendendole dal vassoio o dal cestino senza tastarle tutte e si tagliano a metà con forchetta e coltello lasciando il nocciolo nel piatto, poi si mangia la polpa con la forchetta.

Alcol. Pessimo gusto alzarsi da tavola alticci, e questo vale per qualsiasi situazione, dal pranzo di lavoro alla comunione della cugina, dall'addio al celibato alla festa di compleanno. Sconsigliato anche per le cene romantiche, primo perché non giova al prosieguo della serata e, secondo, perché ubriacandovi dimostrate di dover ricorrere a mezzi esterni per lasciarvi andare e quietare il vostro superio. Anche lo Sgalateo vi consiglia di stare lontani dall'eccesso. Una coppa di champagne fa miracoli, tre vodka stroncano ogni velleità erotica in entrambi i sessi.

Ananas. Si serve sempre a fette, quando è fresco si consuma con forchetta e coltello, quando è in scatola con un cucchiaino.

Anello di fidanzamento. È romantico consegnarlo al ristorante, anche se l'usanza purtroppo è in disuso. È sconsigliato (tranne che dai dentisti) nasconderlo nel cibo, tovagliolo e dolci, a eccezione di un uovo di cioccolato. È vero, si dovrebbe restituire a relazione finita, ma evitate di accompagnare il gesto con scenatacce in luoghi pubblici.

Analizzare. Se avete imparato le regole del buon comportamento a tavola e qualche nozione di linguaggio del corpo, non è che ora dovete analizzare qualsiasi malcapitato vi inviti a bere un caffè. Rilassatevi.

Anfitrione. Le regole per chi invita a casa sono molte e articolate. Ricordate un unico importante imperativo, primo comandamento di un anfitrione: mettere a proprio agio gli ospiti. Chi invita al ristorante, invece, farà in modo di arrivare con qualche minuto di anticipo aspettando all'ingresso gli ospiti, suggerendo la disposizione dei posti che ritiene migliore. Inoltre, se la tavolata è numerosa avrà concordato un menu in precedenza e scelto i vini adatti con il proprietario. Il massimo della classe è far distribuire una carta senza l'indicazione dei prezzi. L'anfitrione si assume il compito di scegliere il vino pur chiedendo consigli ai presenti, e dopo averlo assaggiato lo farà servire ai suoi ospiti. Al termine del pasto l'anfitrione si allontana discretamente per pagare il conto.

Anguria. Si serve già tagliata a fette e con il coltello da frutta si tolgono i semi, poi si taglia a pezzi e si mangia con la forchetta.

Apparecchiare. Le regole per apparecchiare non sono complicate ed è piuttosto semplice adeguarsi. Come fare degli italiani dei futuri buoni commensali? Insegnando ad apparecchiare ai bambini come se fosse un gioco. Molto schematicamente: forchetta a sinistra, coltello a destra, bicchieri in alto a destra, tovagliolo a destra. Semplice, no?

Aragosta. In effetti, credo che si possa tranquillamente sopravvivere anche senza sapere come si mangia l'aragosta, soprattutto perché non capita praticamente mai di trovarla a tavola se non sgusciata, ma in caso di necessità usate le apposite pinze per schiacciare le chele ed estrarre la polpa. Il resto lo mangerete con forchetta e coltello da pesce. Durante una cena a due, usate rigorosamente le mani.

Arancia. Non c'è cosa che imbarazza di più che affrontare questo frutto con forchetta e coltello. Voi direte, non mi servirà mai! Mai dire mai. Diceva così anche Luisa, la mia amica single e anarchica della tavola, sino a che non si è fidanzata con un giovane rampollo di buona famiglia – si sa, l'amore è cieco – e a un pranzo con la suocera si è trovata alle prese con un'arancia da tagliare, messa lì probabilmente come prova del nove. Gli agrumi si tengono con la mano sinistra e si sbucciano con il coltello nella destra, decapitando prima i due poli, poi incidendo la buccia a sezioni verticali, che si staccheranno facilmente con il coltello, tenendo il frutto fermo con la forchetta. Gli spicchi si portano alla bocca con la mano. I semi vengono discretamente sputati nella mano chiusa a pugno, prima di essere deposti sul bordo del piatto.

Asparagi. Se volete bene ai vostri ospiti l'ideale sarebbe servire sempre e solo le punte, in modo che si possano portare alla bocca facilmente con la forchetta. Se invece volete servirli interi li dovrete sistemare su un vassoio e usare una pinza. Mai e poi mai, come ho visto fare da un noto avvocato milanese in un ristorante, afferrarli per il gambo, gettare il capo all'indietro e succhiare le punte. Riservate il suddetto trattamento all'asparago solo durante una cena romantica e privata a due, lo Sgalateo lo permette.

Autoinvito. Alle cene formali o alle cerimonie di ogni tipo il «Vengo anch'io» non va bene. Non si chiede neppure «Chi c'è?» È come sottolineare che si accetta l'invito solo a condizione che ci siano ospiti all'altezza; sarà la padrona di casa che, se vorrà, ci farà sapere chi sono gli altri commensali.

Avocado. Si taglia a metà, si scalza il nocciolo e si mangia scavando la polpa con il cucchiaino e tenendo ferma ciascuna metà con le dita.

Baciamano. Il baciamano andrebbe eseguito solo rigorosamente nei locali chiusi, quindi case private e ristoranti. Mai in chiese o musei. La regola vuole che si faccia solo alle signore e non alle signorine, ma oggi questa distinzione è sempre più sfumata. Ben venga, quindi, il baciamano per tutte le donne adulte, alle quali fa sempre molto piacere. L'uomo solleva la mano della donna sino a sfiorarla con le labbra, nel contempo si china leggermente. La donna dovrebbe porgere la mano con naturalezza, senza restare rigida come un palo della luce.

Bacio alla francese. A tavola le effusioni eccessive sono di cattivo gusto perché rischiano di mettere a disagio gli altri commensali. La regola è: rarissimi in pubblico, abbondanti in privato.

Bacio fraterno. Alcuni popoli ne fanno grande uso. Limitiamo i baci sulle guance alle persone più vicine e con le quali abbiamo un rapporto di amicizia. Le donne fingono di baciarsi, in realtà avvicinano sole le guance le une alle altre per non rovinarsi il trucco; è un'ipocrisia universalmente riconosciuta.

Baffi. I baffi sono un ricettacolo di batteri e la regola generale per chi li porta è pulirsi perfettamente e spesso durante il pasto, prima e dopo aver masticato e bevuto.

Bagnadita. Nei ristoranti ho visto di tutto: chi si è bevuto il contenuto della ciotola contenente acqua e limone, chi si è lavato abbondantemente il viso, chi ha guardato l'oggetto con aria interrogativa, chi ci ha spento una sigaretta (quando si poteva fumare). In realtà, questo contenitore che, di norma, è deposto in alto a sinistra dal cameriere dopo un piatto di pesce o che prevede l'uso delle mani, è destinato al lavaggio delle dita che poi andranno asciugate con il tovagliolo. In molti ristoranti si servono salviettine dall'orribile profumo di limone (sintetico), meglio acqua nella quale siano state dissolte alcune gocce di olio essenziale o petali di rosa. Meglio ancora: non usate affatto le mani oppure alzatevi e lavatele in bagno, anche perché il galateo non ne prevede l'uso.

Bagno. È il buon rifugio per tutte le situazioni di emergenza: qualsiasi fatto anomalo accada a tavola, nell'incertezza recatevi in bagno. Prima di alzarsi da tavola, ci si accomiata con uno «Scusate».

Bambini. Abituare i bambini a stare fermi e seduti al ristorante è una buona cosa, ma sino a che non si è riusciti nell'intento è pura crudeltà e una forma di egoismo obbligarli a seguirci al ristorante. La stessa cosa vale per le cene formali: diciamo che sino ai dodici anni i bambini o ragazzini cenano prima o in un tavolo a parte. Non solo è una sofferenza per loro stare seduti troppo a lungo, ma è anche una limitazione per gli invitati e per chi ospita adattare le portate e i discorsi in funzione della loro presenza.

Banane. La banana non è consigliabile in una cena formale. Si tiene ferma con la mano sinistra, e dopo averla sbucciata si appoggia sul piatto, si taglia e si porta alla bocca con la forchetta. Vietato dal galateo sia per gli uomini sia per le donne succhiarla come un ghiacciolo con sguardi maliziosi, cosa invece permessa in privato.

Bar. Evitiamo di dare del tu a camerieri e baristi solo perché li abbiamo visti un paio di volte. Non ingombriamo il banco con nostri pacchetti e borse o peggio con i gomiti. Evitiamo di fare «zuppetta» nella tazza del cappuccino. Non monopolizziamo i quotidiani messi a disposizione dai locali pubblici. Nell'ora di punta evitiamo di indugiare davanti al bancone mentre altre persone aspettano il loro turno. All'ora dell'aperitivo non dimentichiamo un minimo di etichetta: prendiamo le olive con l'apposito stecchino per portarle alla bocca e sputiamo il nocciolo con discrezione, nel palmo della mano, per poi buttarlo nel cestino portarifiuti (i noccioli rosicchiati nel piattino accanto alle olive offrono uno spettacolo poco piacevole). Le noccioline si prendono con un cucchiaino e si depositano nel palmo.

Barzellette. Raccontare barzellette è una vera arte, quindi non cimentatevi se non siete davvero un fuoriclasse, eviterete di vedere i vostri commensali sforzarsi di sorridere alla battuta finale o ancora peggio dire «Non l'ho capita». Per quanto riguarda i contenuti, controllate alla voce «Conversazione».

Bere. Bere con moderazione non è solo un fatto di salute, ma anche una forma di rispetto nei confronti degli altri. L'alcol, notoriamente, disinibisce e slatentizza (che non è una parolaccia, ma significa semplicemente che l'alcol fa uscire allo scoperto tutti quei piccoli disturbi della personalità che altrimenti se ne starebbero tranquilli e ben nascosti). Quindi lasciamo tutto com'è, non è piacevole scoprire che potenzialmente siamo dei serial killer, e non lamentatevi se la mattina dopo vi ritrovate in un letto che non è il vostro.

Bicchieri. Versando da bere non si deve riempire il bicchiere fino all'orlo, mai, sia per l'acqua che per il vino, il tè, il caffè o i liquori, ma solo un terzo. Quando ci versano da bere il bicchiere non va tenuto in mano, ma poggiato sempre sul tavolo. Sempre. Prima di bere, ci si pulisce le labbra con il tovagliolo, così come dopo aver bevuto

Biglietto da visita. Una volta le signore non lo potevano dare a un uomo, adesso c'è la massima elasticità. Evitate per favore di scrive Marchesa o Cavaliere e altri titoli, meglio semplicemente nome e cognome. Non risparmiate sui biglietti da visita: sono il vostro primo lasciapassare per il bel mondo. Un buon biglietto si riconosce dallo spessore del cartoncino.

Bottiglia. In una cena formale le bottiglie andrebbero sistemate su un ripiano a parte, e non sulla tavola. La regola è che non compaiano etichette di nessun tipo (sui grissini, purtroppo, ci cascano tutti, soprattutto i ristoratori, che li portano a tavola confezionati), tranne quella del vino, quindi la padrona di casa provvederà a versare in una caraffa anche l'acqua minerale e a predisporre un tavolino di appoggio per le bevande. Si può fare un'eccezione per certe splendide bottiglie di acqua minerale di design.

Briciole. È bene toglierle dalla tavola prima di servire il dessert con le apposite spazzoline d'argento o di metallo o, ancora meglio, con un tovagliolo pulito ripiegato si pulirà la tavola facendole cadere in un vassoio. No a tutti gli orribili attrezzi elettrici.

Brindare. Non si dice cin cin né si fanno tintinnare i bicchieri se non durante una festa di famiglia senza formalità. Si brinda semplicemente alzando verso l'alto i bicchieri con un sorriso.

Brodo. Senza risucchio, *please*. Nelle tazze a due manici si sorbisce silenziosamente e il cucchiaio, che servirà solo a mescolare all'inizio, si adagia sul piattino sottostante.

Buffet. Orribile avventarsi sul buffet sgomitando. Se organizzate un buffet in casa fare attenzione che tutto sia disposto su un tavolo abbastanza lungo affinché si possa avvicinare più gente possibile. Piatti, posate, tovaglioli, bicchieri e bevande vanno sistemati in un altro tavolo. Prevedete anche molti piani d'appoggio, gli ospiti ve ne saranno grati.

Buio. Una cena al buio in due è vivamente consigliata dallo Sgalateo. Attenzione! In certi ristoranti per coppie le luci soffuse, anche se hanno la virtù di mitigare le rughe, sono le responsabili dello smascheramento dell'età: chi non riesce a leggere il menu ha bisogno degli occhiali da presbite.

Buon appetito. Non si dice. È un'abitudine molto dura a morire, ma benché sia una forma augurale sembra sottolineare che si è a tavola solo per mangiare e non per più nobili fini conviviali. Se qualcuno dei commensali lo pronuncia, si sorride e si risponde grazie.

Burro. Se si porta a tavola si sistema alla sinistra accanto al piattino del pane. In genere, non si serve la sera, ma in alcuni ristoranti si usa proporlo aromatizzato. Non si imburra tutta la fetta, ma solo una piccola parte per volta; se vi capitasse di fare colazione in un albergo stellatissimo fateci caso: questa regola la conoscono in pochi. Il coltellino da burro è a lama piatta e corta.

Cachi. Sconsigliabile servirli durante una cena formale, in tutte le altre situazioni sistemateli in una ciotola raccogliendo la polpa con un cucchiaino.

Caffè. Il caffè precede sempre l'acquavite e viene dopo i liquori. Il caffè, ancora nella caffettiera, viene portato e servito preferibilmente in salotto. La padrona di casa lo versa nelle tazzine, quindi l'ospite si servirà dello zucchero. Lo zucchero si mescola muovendo il cucchiaino dall'alto in basso, e viceversa. Si beve tenendo la tazza con il pollice e l'indice, mentre l'altra mano sorregge il piattino. Da evitare: lo zucchero nella tazza prima della bevanda; succhiare il cucchiaino più o meno rumorosamente; alzare il dito mignolo e lasciare il cucchiaino nella tazza invece che sul piattino.

Cameriere. L'approccio con il personale di servizio dirà molto di voi agli altri. Da evitare ogni tono sgarbato o di sufficienza, il tu dato senza chiedere il permesso, il tono confidenziale. Il cameriere da parte sua evita di prendersi qualsiasi libertà nei confronti del cliente, sorride e non interviene assolutamente nella conversazione.

Cameriera. Vale tutto come sopra. Si eviti di fare richieste impossibili e soprattutto di gigioneggiare facendo apprezzamenti sulle cameriere sia in presenza di signore sia, e soprattutto, tra uomini. Evitate toni di superiorità con qualsiasi cameriera dando per scontato che sia ignorante come una capra, anche perché spesso dietro le timide ragazze che portano i vassoi ci sono laureande in ingegneria nucleare che parlano benissimo almeno un paio di lingue, mentre qualcuno dei commensali ha ancora difficoltà con il congiuntivo.

Candele. Attenzione alle candele a tavola. È vero, scaldano l'ambiente in tutti i sensi e regalano quella calda luce offuscata che mitiga le magagne su cibo, occhiaie e stoviglie asciugate male. Importante, però, è non abusarne e soprattutto in casa vanno sistemate in sicurezza, lontano da pericoli e soprattutto dai capelli dei commensali.

Capello. Come già detto la prima regola del galateo è quella di non mettere a disagio nessuno. Se capita di trovare un capello, un insetto o qualsiasi altra cosa nel piatto lo si toglie il più discretamente possibile, facendo in modo che gli altri commensali non lo notino. Dovrebbe essere la padrona di casa ad accorgersi che c'è qualcosa che non va, in quel caso provvederà rapidamente a sostituire il piatto. Al ristorante si può indicare discretamente l'intruso in mezzo al cibo. Importante: gli altri convitati faranno finta di nulla e non indagheranno sull'accaduto.

Carciofo. Un ospite attento non servirà i carciofi senza essersi prima assicurato che siano privi delle foglie più coriacee, in questo modo sarà semplice gustarli solo con la forchetta, come prevede il bon ton.

Carta. Buona occasione per distinguere la carta dal menu. La carta è quella che chiediamo al cameriere quando ci sediamo in un ristorante e comprende tutti i piatti serviti dalla cucina, mentre il menu (per favore, senza accento), che trova spazio all'interno della carta, è l'insieme delle portate servite in sequenza logica e studiate appositamente dallo chef. Quindi, una cosa è la carta e un'altra è il menu.

Caviale. Si serve in una coppa di cristallo adagiata su ghiaccio tritato. L'importante è non usare posate di metallo, meglio di osso, tartaruga o ancora meglio madreperla: le fragili uova di storione non devono rompersi assolutamente. Gli eccentrici miliardari usano cucchiaini d'oro, ma se vi siete svenati per l'oro nero e non vi restano soldi per quello a 24 carati, va benissimo anche un cucchiaino di plastica. Durante le cene private a due, copiamo gli esperti di caviale che lo mangiano appoggiandone una piccola quantità nell'incavo dove si incrociano pollice e indice. Il gesto è molto sensuale.

Centrotavola. Mai troppo alto, troppo voluminoso e troppo profumato. Perfetta una piccola composizione di fiori freschi dentro l'apposita spugna da fiorista.

Champagne (e bollicine). Oggi c'è libertà nello scegliere dove servirlo, personalmente amo ampi bicchieri da rosso invecchiato. La flûte, il bicchiere dal lungo stelo dalla forma allungata, è un po' superata, mentre è ancora gradevole la coppa da champagne, oggi introvabile. Occhio alla temperatura di servizio, va servito dai 5 agli 8 gradi. Lo Sgalateo prevede, per definizione, una tale dose di creatività che sorbire champagne da un scarpa rosso fuoco con tacco 12 potrebbe sembrare banale. A fine pasto, meglio un vino dolce, ma sono la prima a trasgredire. In tutti i casi, la bottiglia non si stappa rumorosamente, ma si accompagna il tappo delicatamente fuori dal collo della bottiglia. Se volete servirlo prevedete un secchiello da tenere colmo di acqua e ghiaccio. Mai mescolare il prezioso liquido per eliminare le bollicine: sarebbe un sacrilegio.

Ciliegie. Meraviglioso frutto per giocare per amore e con i bambini. Il galateo, invece, sconsiglia di servirle in occasioni formali. In tutti gli altri casi si mangia il frutto, si mette il nocciolo nella mano chiusa a pugno, poi si adagia sul piatto.

Cioccolatini. Abbiamo visto che regalare cioccolato in gran parte del mondo è un buon modo per fare omaggio alla padrona di casa. Oggi ne esistono decine di varietà e prezzi. I puristi del galateo sconsigliano di regalarli per una cena poiché devono essere per forza aperti in presenza degli ospiti e questo potrebbe disturbare la sequenza dei piatti prevista da chi ha ideato il menu. Se ve li offrono in una scatola non toccateli tutti e sceglïete velocemente. Cioccolato sfuso a fine pasto? Sì, se lo avrete già spezzato in comode scaglie monoporzione.

Cocktail. Per qualche strana ragione una donna che sa preparare un cocktail Martini *comme il faut* sale immediatamente nelle quotazioni degli invitati maschi. Conosco pochissime donne che ne sappiano preparare almeno un tipo con disinvoltura, a meno che non sia per professione, quindi esercitiamoci, signore: tutte abbiamo un amico barman condiscendente che ci farà da maestro. Se facciamo un invito per un cocktail ricordiamoci di disporre tutto l'occorrente su un tavolo in modo da non correre continuamente in cucina. Sistemate la casa anche in modo da prevedere alcuni piani d'appoggio: è triste non poter dare la mano a un fascinoso sconosciuto perché abbiamo tra le mani un piatto di vitello tonnato e un prosecco. Comunque fate sempre in modo di avere la destra libera e soprattutto di non farvi beccare con un mostruoso boccone in bocca: c'è sempre un maniaco di Facebook dietro una colonna e voi potreste essere immortalati sullo sfondo.

Non voglio entrare nel dettaglio su cosa preparare a un cocktail, non è la sede. Posso solo dire che ciò che rende davvero squallido un cocktail party e infelici gli ospiti più esigenti non è tanto la qualità o quantità di cibo, ma ciò che si beve. In decine di presentazioni, buffet, vernissage, matrimoni, celebrazioni e pranzi in piedi ricordo con piacere soprattutto quelli in cui il vino superava almeno i cinque euro a bottiglia. Chi organizza, anche nelle sedi più prestigiose, commette un errore madornale, se pensa alla cucina e cerca di risparmiare sulla cantina.

Se invece siete voi a essere invitati a un cocktail party, evitate di fare come la mia amica americana Dorothy, esperta di finanza e assidua frequentatrice di eventi mondani. Non fermatevi, soprattutto a digiuno, per un drink lungo la strada. Potreste arrivare al cocktail party barcollando e da brilli è facile lasciarsi sfuggire qualche segreto aziendale. Pare che a New York la cosa sia piuttosto diffusa tra i timidi.

Non date l'impressione di trovarvi lì solo per riempirvi la pancia, ma siate gentili e sorridenti e approfittatene per aumentare la vostra popolarità.

Colazione. Solo in Italia si fa un po' di confusione sul nome dei pasti, dove «colazione» è intesa come veloce pasto del mattino. Poi per influenza anglofona si è cominciato a far slittare il pranzo alla sera, anche perché durante il giorno chi lavora spesso consuma pasti leggeri. Tutto questo genera una gran confusione, quindi sempre meglio quando si invita specificare l'ora e quando si riceve un invito informarsi. Oppure, perché in un rigurgito di nazionalismo non ritornare alla nostra cara ripartizione italiana: colazione, pranzo e cena?

Coltello. Prima di addentrarsi nei dettagli d'uso ricordate che il coltello si usa solo se è necessario. È considerato una posata che serve solo per tagliare consistenze coriacee come la carne. Non si usa con uova e frittate, con le insalate e le verdure morbide, e, ovviamente non con il pesce se non quello apposito. Non si porta mai alla bocca, né tanto meno si lecca. Lo Sgalateo lo bypassa sostituendolo con le mani. Anche in caso di costolette d'agnello consigliamo di afferrare la carne con le dita e strapparla a morsi. Pochi impugnano il coltello nel modo corretto: l'indice non dovrebbe mai oltrepassare il manico e quindi non dovrebbe toccare la lama, il dorso della mano è rivolto verso l'alto.

Coniglio. Raro e costoso quello di fattoria, non servitelo in cene e pranzi con un minimo di formalità. Il coniglio non è gradito neppure da molti stranieri non vegetariani, che lo considerano un animale domestico.

Consommé. Non so perché ho inserito questa voce, in realtà sono decenni che qualcuno non mi serve un consommé. Ma il nome è così chic che non poteva mancare nell'elenco. Diciamo che la regola vale per la maggior parte delle pietanze brodose. Si serve nelle tazze con manici adagiate su un piattino. Si sorbisce silenziosamente e alla fine si lascia il cucchiaio sul piattino.

Conto. Sembra superfluo, ma può trasformarsi nel momento più imbarazzante della serata, e proprio per questo è utile e educato evitare ogni fraintendimento. Urge essere subito chiari: chi invita paga il conto, uomo o donna che sia. Nelle cerimonie o cene d'affari, quando non è chiaro chi paga, evitate accuratamente le scene madri che spesso hanno il solo obiettivo di attirare l'attenzione. La persona galante, generosa e brillante si alza qualche secondo prima degli altri commensali, si allontana e va a pagare, poi torna a sedersi senza una parola. Non si fanno commenti sul prezzo e tanto meno discussioni con il proprietario. La cosa migliore è informarsi sui prezzi prima di invitare e, se non è possibile, ricordatevi che il modo migliore per punire un ristoratore disonesto è non tornare più. Oppure segnalatelo a un'amica che di professione fa la critica gastronomica, ci penserà lei.

Conversazione. Non si parla di soldi, di sesso e di salute. Per tutto il resto vedi il capitolo dedicato. Lo Sgalateo invece prevede conversazione libera senza tabù.

Cozze e vongole, ostriche, frutti di mare. Da evitare nelle cene formali, per quelle con gli amici è meglio corredare il piatto con una ciotola lavadita. Nel caso si tengono strettamente con due dita nella mano sinistra e si estrae il mollusco con la forchettina apposita.

Critiche. Le critiche a un piatto non si fanno mai in pubblico a chi ha cucinato in una casa privata, né al ristorante se siamo ospiti. La regola è che si sorride anche per non rispondere negativamente a una domanda diretta. Invece si fanno *sempre* in tutti gli altri casi. Dal momento che se scrivo male un articolo me lo fanno rifare, perché devo pagare un piatto (spesso profumatamente) se non è all'altezza? Le lamentele si fanno educatamente, garbatamente, ma in maniera ferma.

Crostacei. Meglio servirli sempre sgusciati per evitare imbarazzi. In caso contrario, dotatevi delle pinze apposite. Le chele non si portano mai alla bocca, né si succhia il contenuto. Per lo Sgalateo è tutta un'altra storia.

Cucchiaio. In Italia, si posiziona con la parte concava posta in su (in Francia si fa il contrario), a destra accanto al coltello. Non si usa più portare troppe posate in tavola e se servite un gelato o un dolce morbido portate la posata necessaria di volta in volta. Per il gelato quella più adatta ha la forma di una palettina. Il cucchiaio si impugna tra pollice e indice e si porta alla bocca o di lato, evitando i risucchi, oppure introducendolo alla francese, di punta. Non soffiate sulle pietanze nel cucchiaio e non usatelo per gli spaghetti.

Denaro. Non se ne parla a tavola, come non si dice mai il prezzo degli oggetti, a meno che non siamo in confidenza con i commensali, ma anche in questo caso non è gentile. Potete vantarvi con le amiche di un bel diamante ricevuto in dono dal fidanzato, senza ovviamente dire il costo. Schiatteranno ancora più d'invidia.

Desinare. I toscani lo chiamano desinare, dall'antico

francese *disner* derivato dal latino popolare *disiunare*, cioè rompere il digiuno; nel francese d'oggi è *dîner*, in inglese *dinner*.

Dessert. Con questo termine si indica l'ultima parte del pasto. Il nome deriva dal francese *desservir*, che significa «sparecchiare» e raggruppa tre categorie: formaggio, dolce, frutta e quindi non sta a indicare, come si crede comunemente, solo una portata dolce. Ricordatevi che l'invitato non porta il dessert, salvo che non l'abbia preannunciato al momento dell'invito oppure se chiesto espressamente dalla padrona di casa. Prima del dessert si sparecchia la tavola e si tolgono pane, piatti sporchi e bicchieri, eventuali briciole dalla tovaglia e si porta vasellame pulito.

Décolleté. Bandito agli incontri professionali e con la futura suocera, alle cene all'oratorio e gite familiari. Consentito in tutti i casi in cui si deve essere *dressed to kill*, espressione inglese che rende bene l'idea.

Dieta. Un consiglio su tutti: se siete a dieta stretta non invitate né accettate inviti, statevene a casa tranquilli. Non c'è cosa peggiore che dividere una cena con compagni immusoniti dalle costrizioni alimentari. Mai pronunciare la fatidica parola a un incontro amoroso: avrebbe un effetto raggelante.

Fagiolini. Essendo un ortaggio non si tagliano con il coltello, ma si mangiano solo con la forchetta.

Fazzoletto. A tavola si cerca di non soffiarsi il naso, se è necessario lo si fa con discrezione, quando si sente che si sta per starnutire ci si gira di lato, possibilmente lontano da ogni commensale, e si preme il fazzoletto sul naso a protezione. Ancora meglio sarebbe allontanarsi dal tavolo dopo aver chiesto il permesso. Non usate mai il tovagliolo.

Fichi freschi. Si mangiano tenendoli con la forchetta nella mano sinistra, si tagliano in quattro spicchi, poi si pelano aiutandosi con il coltello e la polpa si porta alla bocca con la forchetta. I fichi secchi si mangiano con le mani.

Figuraccia. L'abbiamo già detto molte volte, le figuracce dei commensali a tavola non vanno sottolineate, anzi sarà premura della padrona di casa stemperare gli imbarazzi. E se siete voi a fare la figuraccia, usate l'arma imbattibile di uno «scusate» accompagnato da un sorriso. Se la figuraccia è rivolta ai padroni di casa un bel mazzo di fiori il giorno dopo sarà di grande aiuto.

Fine pasto. Alla fine del pasto si lasciano le posate sul piatto accostate con i manici sul bordo tra le ore 16.20 e le 18.30. Non c'è cosa peggiore che un piatto abbandonato con le posate in disordine seminascoste dai rimasugli di cibo. Conoscere questa semplice regola vi permetterà di «fare la radiografia» ai vostri commensali e, in più, sarete in grado di valutare anche il personale di servizio. Infatti, solo un cameriere che conosce il suo lavoro sa che le posate sistemate in un determinato modo stanno a significare: ho finito, può portare via.

Fiori. Ben accetti fiori e foglie come centrotavola, purché non siano troppo alti da oscurare l'altra parte del tavolo. Altrimenti si rischia di non vedere chi ci sta seduto di fronte, se non al termine della cena. È consigliabile che non siano troppo profumati per non interferire con l'aroma delle vivande. Sempre più è accettato e consigliabile utilizzare singoli fiori recisi o a mazzetti come segnaposto o come portatovagliolo. Come dono è meglio farli recapitare qualche ora prima o il giorno dopo; se portati all'ora di cena, infatti, possono creare disturbo alla padrona di casa che dovrebbe perdere tempo a cercare un vaso adatto mentre si occupa di ricevere gli ospiti.

Forchetta. Si appoggia a sinistra del piatto e non si impugna come fosse una zappa.

Formaggio. Ricordatevi che il formaggio precede il dolce. La regola prevede che sia servito solo a mezzogiorno, ma oggi sempre più spesso viene presentato pure la sera. Se si è avuta l'opportunità di acquistare alcune varietà di formaggio italiano o estero, magari inusuale o introvabile, si può imbandire una cena «a tema»; con composte, confetture o frutta abbinati. Il taglio deve essere fatto in modo che ogni commensale abbia una fetta con una parte di crosta (quando è presente), una parte del centro e del cuore; solo in questo modo non si altera l'aroma e si percepisce il gusto complessivo di ogni formaggio.

La quantità servita deve tener conto del fatto che il formaggio, a differenza di altre portate, si dovrebbe offrire una sola volta. I formaggi duri richiedono il coltello e la forchetta; quelli molli la sola forchetta o il solo coltello se spalmati su bocconi di pane. Consiglio per gli intenditori: per gustarli al meglio toglieteli dal frigorifero almeno un'ora prima di consumarli. Purtroppo anche tanti ristoranti se lo dimenticano. Di norma, si inizia dal più dolce e fresco per concludere con il più saporito e stagionato. La mozzarella si consuma quasi tiepida e teme il frigorifero.

Fragole. Se ve le propongono in una coppetta si mangiano con un cucchiaino, se su un vassoio intere si prelevano con il picciolo, si mangiano in due bocconi e si deposita il picciolo verde su un piattino. Per le signore e taluni giovanotti: vietato civettare con i commensali mangiando fragole ammiccando, consigliabile invece in un tête-à-tête tra mura sicure, dove potrete sbizzarrirvi.

Frattaglie. La maggior parte degli esseri umani non sa neppure cosa siano e al semplice suono della parola scatta la smorfia di disgusto: non si fa. Vi basti pensare che il foie gras, in quanto fegato, è una frattaglia ed è considerato tra i più nobili piatti al mondo. Lo stesso vale per le animelle tanto care a Escoffier, il famoso cuoco francese, la finanziera preparata con le rigaglie di pollo e il rognoncino. Insomma, vale per le frattaglie come per altri ingredienti inusuali: non giudicate senza provare. Sappiate che c'è una stretta correlazione tra apertura mentale e disponibilità ad assaggiare cibi inusuali o appartenenti ad altre civiltà. Quindi se durante una cena privata vi vengono servite, assaggiatele senza prevenzioni.

Frittata. Non si mangia mai con il coltello, così come le uova cucinate nelle loro infinite varianti.

Frutta. Mangiare la frutta con le posate è assai complicato; se volete bene ai vostri ospiti servitela già pelata e tagliata a fettine. Nota di costume: la classica macedonia è terribilmente datata e quasi sempre si riduce a una poltiglia informe dove i sapori della frutta si mischiano irrimediabilmente. È molto più fresco e moderno servire della frutta già pelata e tagliata a tocchetti o fettine, e spennellata con un mix di zucchero, limone e anice stellato lasciato in infusione, così non diventerà nera.

Frutta secca. Noci, mandorle e nocciole si consumano rompendole con lo schiaccianoci e si portano alla bocca. È assolutamente vietato spaccarle con i denti in pubblico, mentre in privato le signore trovano molto virile che vengano aperte da una sfilza di denti bianchissimi.

Fumo. Non si fuma sino a dopo il secondo e mai se la padrona di casa non concede apertamente il permesso. I recenti provvedimenti vietano giustamente di fumare a tavola nei locali pubblici, ma la cosa ha risvolti positivi: vuoi mettere quante persone interessanti si possono conoscere nelle sale fumatori o sul marciapiede fuori dal ristorante?

Garden party. Se ne organizzate uno, fate attenzione alle temperature tropicali per salse e cibi deteriorabili. Procuratevi del ghiaccio e tenete a disposizione lo spray antizanzare.

Gelato. Per gelato e creme, sorbetti e semifreddi si utilizza il cucchiaio. Il «vero» cucchiaino da gelato è una sorta di palettina, ma andranno benissimo anche quelli normali.

Gesticolare. Non fatelo davanti al naso degli ospiti, rischiate di essere importuni e di far cadere il vasellame sulla tavola.

Giacca. Non si toglie mai nelle cene formali e tra amici si chiede prima il permesso ai padroni di casa; vietato anche togliersi la giacca e appenderla allo schienale della sedia, lo stesso per la cravatta. O si porta per tutta la sera o non si porta.

Gironzolare. Quante volte si vedono al ristorante giovanotti e signore fermarsi ai tavoli degli amici abbandonando il proprio: non si fa, si saluta con un cenno della mano discretamente e senza sbracciarsi né urlare da un punto all'altro della sala.

Gomiti. Mai sul tavolo e, se è possibile, teneteli stretti al dorso, anche se è difficile allargarsi nei minuscoli tavolini delle tavole urbane.

Gossip. Meglio evitarlo a cena, a meno che non siate tra amiche o amici di vecchia data: la gaffe è sempre in agguato.

Granchio. Vera crudeltà servirlo agli ospiti con il carapace e non già aperto con la polpa a portata di mano, che si preleva con l'apposita forchetta a tre denti.

Grissini. È sempre più diffusa l'abitudine di offrirli ai propri ospiti; in questo caso, vanno tolti dalla confezione e sistemati in un cestino con il pane o da soli sulla tavola. Al ristorante è proibito avventarsi sulle confezioni di grissini senza tener conto degli altri commensali. In tutti i casi non si mangiano a bocconi, ma si spezzano e si portano alla bocca.

Imboccare/si. Non si dovrebbero imboccare bambini o anziani in pubblico o al ristorante, ma ricordiamo che dipende sempre dal tipo di locale. Di norma, è meglio non portare alle cene formali i bambini sotto i dodici anni. Non si imbocca mai la fidanzata o l'amico a una cena o un pranzo dove si rispetta l'etiquette. Meglio evitare questa pratica, invece consigliatissima dallo Sgalateo. Se vedete un amico sposato imboccare un'altra donna al ristorante, state alla larga.

Insalata. Si serve dopo aver passato due volte il piatto di portata principale per eventuali bis. Si adagia in un piatto o in una ciotola a sinistra del piatto. Come tutte le verdure si mangia con la sola forchetta, però è consentito usare il coltello per tagliare le foglie. Meglio comunque servire l'insalata in modo che possa essere portata alla bocca senza essere tagliata.

Invito. Si risponde sempre a qualsiasi tipo di invito e si ricambia entro due mesi. Negli inviti indicate chiaramente il luogo, l'ora e il tipo di abbigliamento richiesto. Si conferma entro tre giorni al massimo e si disdice facendosi perdonare con un piccolo dono floreale. Per gli uomini andrà bene anche una pianta.

Invitati. Anche per gli invitati le regole sono molte, limitiamoci a riassumere dicendo che si acquista il titolo di invitati ideali quando: non si mettono a disagio gli altri ospiti, quando si contribuisce al divertimento e al piacere di tutti e quando si dimostra gratitudine ai padroni di casa per l'invito. Anche se si viene invitati al ristorante valgono le stesse regole, in più si cerca di non ordinare i cibi più costosi, ma neppure solo i più economici.

Se il menu è già stato fissato e vi sono piatti che proprio non potete mangiare per ragioni di salute, chiedete di sostituirli con qualche cosa di semplice, come riso, una bistecca o un pezzetto di formaggio. Un invitato perfetto al ristorante si comporta come se fosse in casa del proprio anfitrione e quindi evita critiche alla cucina o al locale e cerca anzi un motivo per esprimere il proprio gradimento della serata. Chi invita non paga il conto a tavola, ma si alza regolando ogni cosa in privato. Se avvenisse al tavolo, si cerca di ignorarlo, limitandosi a fine serata a ringraziare con qualche commento tipo: «Siamo stati davvero bene» oppure un «Grazie di tutto».

Deve essere l'anfitrione e mai l'ospite a concludere la serata; darebbe l'impressione di non gradire la compagnia. Attenzione, quindi, padroni di casa: sta a voi chiudere le danze con garbo.

Jeans. In molti paesi del mondo andare a cena o in una casa privata indossando i jeans è sgradito, anche se certe marche costano centinaia di euro.

Kiwi. Si taglia a metà e si consuma con un cucchiaino.

Legumi. Si tratti di fagioli, piselli, fave o lenticchie i legumi si mangiano con la forchetta. Non si servono fagioli alle cene formali.

Liquori. Si servono a tavola o ancora meglio in salotto dopo il caffè.

Lisca. Se una vi si conficca in gola non stramazzate al suolo con le mani alla gola, ma alzatevi e andate in bagno dopo aver mangiato un boccone di pane. Ecco perché per evitare imbarazzo è opportuno servire pesce perfettamente pulito.

Lumache. L'unica condizione per servirle con il guscio è fornire ai commensali le apposite pinze, in tutti gli altri casi si propongono sgusciate e in umido nelle diverse varianti. Nel primo caso, pinza nella mano sinistra e forchettina nella destra per estrarre la polpa.

Make-up. Sì, è vero, non ci si rifà il trucco a tavola e confermo, ma davanti al rossetto non resisto. Mi piace vedere una bella donna tirar fuori dalla borsetta lo specchietto gioiello di famiglia e stendersi un rossetto rosso sulle labbra. C'è chi lo sa fare e chi no: mai durante un pranzo di lavoro.

Mancia. In Italia la mancia non è obbligatoria come negli Stati Uniti o nel mondo anglosassone, ma gradita. Si lascia sempre a chi porta i bagagli e a chi vi parcheggia la macchina, al personale di servizio della casa che ci ospita e a tutti coloro che hanno svolto un servizio che non era nelle loro competenze. La cifra deve essere compresa almeno tra il 5 e il 10 per cento del conto totale. Al ristorante non si dà in mano al cameriere, ma è preferibile lasciarla sul piattino con il quale è stato consegnato il conto; se non è possibile si farà scivolare nella mano del destinatario senza farsi notare.

Mandarino. Si sbuccia con il coltello tenendolo fermo con la mano sinistra e poi si mangia uno spicchio per volta. I maschi, di norma, non mangiano frutta perché sono maledettamente pigri, ma provate a sbucciargli un mandarino o una fetta di mela, vedrete che apprezzeranno molto il gesto materno! Ricordate però la Teoria del Precedente. Lo Sgalateo consiglia la «sbucciatura della frutta» come merce di scambio: tu fai una cosa per me e io in cambio ne faccio una per te.

Mandorle. Vale la stessa regola dell'altra frutta secca. Una raccomandazione: chiudete la sinistra sulla mano destra a protezione, prima di premere le due parti dello schiaccianoci. Si sono visti pezzi di gusci schizzare nei décolleté e colpire il lampadario. Dai latin lover sono considerate cibo afrodisiaco.

Mani. Si tengono sulla tavola in Italia e in grembo, nelle pause, se seguite la scuola britannica. Nel mondo occidentale non si mangia nulla con le mani tranne il pane, i pasticcini, l'uva, il cioccolato e il sushi. Sciocco ricordarlo?

Prima di andare a tavola bisogna lavare mani e unghie. Lo Sgalateo prevede e consiglia di usare mani e dita quando e come si vuole.

Marmellata. Solo quella di agrumi si può chiamare così, è chic sapere la differenza; tutte le altre sono confetture. Non servitevi dal barattolo, è cafone. Mettetene una piccola quantità sul piatto e poi spalmatela sul pane con un cucchiaino o con un coltello da frutta.

Mele e pere. Si tagliano in quattro parti sul piatto con il coltello e la forchetta. Le parti si infilzano con la forchetta e con il coltello si eliminano prima la buccia e poi il torsolo, poi si tagliano in pezzi più piccoli e si portano alla bocca con la forchetta.

Melone. Dovrebbe essere servito a fette e già sbucciato, se piccolo e maturo può essere servito tagliato a metà, in questo caso si consuma con un cucchiaino.

Menu. È cortese, quando si invita a casa, scrivere su un cartoncino la data, i piatti e i vini serviti, sarà utile agli invitati per regolare il proprio senso di sazietà. Quando siete al ristorante chiedete la carta e non il menu. Non soffermatevi su ogni portata un'ora prima di decidere cosa ordinare: è irritante, per il cameriere e per gli altri ospiti.

Minestra. Senza rumoracci e senza soffiarci sopra, si sorbisce con il cucchiaio. Non si serve se non per la cena e mai due volte, così recita il cerimoniale. Nel servirla è facile sporcare la tovaglia, quindi è opportuno o tenere a portata di mano un piattino dove appoggiare il mestolo nel tragitto zuppiera-fondina, oppure, ancora meglio, fare le porzioni in cucina e portare a tavola ciascun piatto con grande attenzione. Evitate di offrire una minestra a una cena organizzata per fare conquiste: a meno che non sia una sofisticatissima vellutata di crostacei, ogni altra preparazione in brodo rischia l'effetto «minestrina da ospedale», il che non è affatto sexy.

Mollica. Chi non mangia la mollica o la crosta, la ripone in un angolo del proprio piatto; guai a lasciarla sulla tovaglia. Vietato fare pupazzetti con la mollica o, peggio, proiettili da tirare al commensale più odioso. Lo Sgalateo vi lascia liberi di creare con la mollica piccoli cuori da regalare al vostro partner durante la cena.

Musica. In casa, una musica di sottofondo è piacevole mentre si aspettano gli ospiti, ma durante la cena dovrete abbassare il volume. Nella scelta, sbizzarritevi: oggi ci sono cd di accompagnamento per ogni esigenza, chiedete in un negozio specializzato. Personalmente adoro, dal tramonto in poi, il vecchio Frank. Per un cocktail in piedi o un garden party, la musica è sempre fondamentale. Una domanda: vi siete mai chiesti dove vanno a prendere quei terribili cd nelle hall di certi alberghi paludati?

Naso. Ovviamente ogni operazione di pulizia è vivamente sconsigliata. Nel linguaggio del corpo ogni volta che si toccano le zone periferiche intorno al naso il nostro commensale potrebbe mentire. Attenzione, potrebbe. È il retaggio di un comportamento infantile che porta a mentire coprendosi la bocca con le mani; visto che l'amministratore delegato di una multinazionale non può coprire con entrambe le mani la bocca spalancando gli occhi, ecco che l'inconscio si accomoda sfregando il naso o con movimenti simili.

Noccioli. I noccioli della frutta o le parti di scarto, inavvertitamente messe in bocca, non si lasciano cadere direttamente nel piatto. Se sono stati portati alla bocca con una posata si fanno scivolare su di essa e poi sul piatto, ma forse è più facile deporli nella mano chiusa a pugno e riportarli sul piatto.

Noia. Sarebbe bello divertirsi follemente a ogni occasione conviviale: ma non è così. Se vi annoiate a morte perché il vostro vicino di destra parla solo di insetti in via di estinzione e l'altro è un distinto ottantenne ma con problemi di udito, tenete duro. Non si guarda l'orologio, né le vie di fuga come la porta d'uscita, né si parla con un tizio nell'altro tavolo escludendo i commensali vicini a voi.

Odore. Gli odori di cucina se si invita a casa vanno eliminati azionando le ventole o ancora meglio aprendo le finestre prima che arrivino gli ospiti. Al ristorante sarebbe obbligatorio non narcotizzare i clienti con odori molesti, d'altra parte una stanza completamente asettica non fa buona impressione. Signore, non profumatevi troppo.

Olive. Si portano alla bocca con gli stuzzicadenti (unico utilizzo ammesso degli odiosi aggeggi), ma se vengono servite come aperitivo sono consentite anche le mani. Il nocciolo si pone nella mano e poi si lascia in un apposito piattino. In realtà spero sempre di trovare cibo più originale come aperitivo, sia in casa che nei bar, o almeno se volete offrirmi delle olive devono essere buonissime.

Ossi. Si lasciano nel piatto e non si toccano con le mani. Evitate, nel tentativo di staccare un pezzo di carne rimasto attaccato all'osso, di farlo schizzare in testa a qualche malcapitato. Lo Sgalateo prevede il contatto con gli ossi da scarnificare e succhiare a piacere come per rivivere un rituale primitivo.

Ostriche. Se le offrite voi dovete essere sicuri della qualità superiore, fatele aprire e non gettate via, per carità, la loro acqua di vegetazione. Esistono delle speciali forchettine a tre denti per molluschi che potete usare per estrarre la polpa, in caso contrario potete usare la mano destra evitando il più possibile ogni risucchio. I puristi le degustano assolutamente *nature*. Nello Sgalateo, *ça va sans dire*, se ne fa grande uso, sarà per l'alto valore simbolico del mollusco considerato afrodisiaco.

Padroni di casa. Dovrebbero essere sorridenti e freschi, anche se in realtà sono stravolti dalla stanchezza. Mai iniziare a mangiare prima della padrona di casa, ma attendere un suo cenno per cominciare.

Pane. Una delle poche cose che si possono toccare con le mani, ma non si spezza con i denti. Si fa a pezzi con le mani e poi si porta alla bocca a piccoli bocconi. Evitate di tagliarlo a tavola a meno che non si tratti di un rarissimo pane toscano che desiderate far vedere in tutto il suo splendore, in tutti gli altri casi si taglia in cucina e si porta a tavola in un cestino oppure in un vassoio d'argento. Il piattino del pane, gradito nelle cene formali, si mette in alto a sinistra di ogni commensale.

Pasticcini. Si prendono dal vassoio con le mani, insieme alla carta pieghettata che li avvolge. Vietato indugiare nella scelta e soprattutto toccarli tutti prima di sceglierne uno.

Pâté. Si mangia con la forchetta e, se accompagnato dai crostini, non viene spalmato ma mangiato separatamente.

Pausa. Quando si smette di mangiare per fare una pausa, si mettono le posate con le punte del coltello e della forchetta che si incrociano, con i rebbi della forchetta all'ingiù e la lama del coltello verso il centro del piatto. Come già detto, in questo modo il cameriere o chi per esso dovrebbe, dico «dovrebbe», capire che non deve portar via il piatto.

Per piacere e grazie. Ricordiamoci di pronunciarli sempre, ogni volta che chiediamo di passarci qualcosa, quando veniamo serviti a casa o al ristorante, quando chiediamo qualcosa al cameriere.

Pesce. Prima il pesce e poi la carne, questa è la regola. Qualsiasi portata di pesce si serve con le posate apposite, se non avete le posate adatte usate solo la forchetta.

Pesche. Mangiare frutta intera (purtroppo) con le posate non si fa quasi più, perché difficilmente i ristoranti metropolitani la propongono. È considerata ancora una portata in certe pensioni familiari sull'Adriatico o sulle coste ioniche. Se a una cena formale decidete di mangiare una pesca che vi viene servita intera consideratela una faccenda seria. Si puntano (non infilzano!) i rebbi della forchetta sul frutto e si incide la polpa col coltello per tagliare uno spicchio alla volta, quindi si ferma con la forchetta lo spicchio e lo si sbuccia con il coltello. Si tiene lo spicchio sbucciato sulla punta della forchetta, si taglia un boccone (massimo 2 centimetri) e lo si porta alla bocca senza cambiar di mano alla forchetta, che quindi rimane nella sinistra.

Piatti. Quando il cameriere si avvicina per portarci i piatti, e soprattutto per toglierli, non va aiutato. Allo stesso modo, non si impilano i piatti sporchi: perché volete intralciare il lavoro del personale di servizio? Rilassatevi, se pagate il conto avete il diritto di farvi servire. Si può aiutare il personale perché distante, solo se ce lo chiede, anche se non dovrebbe mai farlo.

Picnic. Che bello vedere un po' di galateo anche sull'erba, basta poco: piatti di cartone, fazzolettini e tante torte salate. Unica eccezione, mai i bicchieri di carta, mettete dentro un bel cesto di vimini tante flûte di vetro, di certo qualche partecipante al picnic sarà felice di aiutarvi. Il bon ton si rilassa sotto il cielo e diventa più elastico, ma ritorna rigidissimo al momento del dopo picnic. Vietato lasciare mozziconi, plastica e rifiuti abbandonati sull'erba, e vi assicuro che questo è ben peggio che dire «Buon appetito».

Piedi. In teoria dovrebbero stare sotto la sedia del proprietario, e questo vuol dire non allungarli incivilmente sotto il tavolo intralciando le estremità altrui e tanto meno lateralmente provocando involontari effetti «piedino». Lo

Sgalateo permette di sbirciare sotto il tavolo per studiare la posizione dei piedi: incrociati, ci sono ancora un po' di riserve. Con le punte all'interno? È rimasto un pizzico di infanzia. Accavallate? C'è ancora qualche resistenza nel vostro commensale.

Piedino. Sono due le regole fondamentali da rispettare per il seduttore (uso il maschile, ma vi sono signore grandi esperte nel campo) che usa il piedino come arma di seduzione.

1. Si fa solo se si è certi di non ricevere un rifiuto.
2. Si fa solo se si è certi di non essere scoperti dal resto dei commensali.

Pinzimonio. Uno dei pochissimi casi nei quali è permesso usare le dita per mangiare. Le verdure vengono servite già tagliate e ogni commensale ha una scodellina dove intingere carote e sedani.

Piselli. È esilarante vedere, come è capitato a me, schizzare i piselli dal piatto come proiettili. Se accade significa che il cuoco era pessimo: dovrebbero essere morbidi. Di norma, basterebbe raccoglierli con la forchetta.

Pollo. Anche se un commensale vi ricorda il detto popolare secondo cui pure la regina Margherita mangiava il pollo con le dita, lasciate perdere e continuate a usare forchetta e coltello. Il pollo è difficile da tagliare in tavola anche con il trinciapollo, fatelo in cucina dopo averlo mostrato, se volete, ai commensali.

Polpette. Per qualche inspiegabile motivo servire polpette a una cena formale è considerato scorretto, probabilmente perché si può sospettare che siano preparate con gli avanzi. Quindi evitatele, anche se sono un piatto straordinario, *in primis* quelle di bollito. Sono vivamente consigliate dallo Sgalateo, che incoraggia il consumo di polpettine, cibo da mangiare con le mani e soprattutto da imboccare.

Pompelmo. Si serve tagliato a metà e si consuma prelevando la polpa con un cucchiaino.

Posacenere. Non si mette in tavola, mai, se non a fine pasto e dopo aver chiesto il permesso di fumare agli altri commensali. Al ristorante non si può più fare, ma non lamentatevi. È così bello ritrovarsi fuori sul marciapiede: si fanno molte conoscenze interessanti. Vietato però abbandonare il proprio ospite o accompagnatrice per interminabili pause.

Posate. Oggi si tende a snellire il più possibile il numero delle posate. L'ideale è il tris: una forchetta, un coltello e un cucchiaio, se serve; man mano che si susseguono le portate si cambiano le posate.

Posti. L'uomo siede alla destra della donna, le riserva il posto lungo la parete o che comunque le permetta di vedere la sala. Ogni uomo siede a fianco di una signora che non sia sua moglie (o compagna). Nel caso di due coppie, ogni signora siederà alla destra dell'uomo che non è suo marito.

Se invece l'uomo e la donna siedono da soli, ai due lati consecutivi di un tavolo quadrato, lui siederà alla sua destra per poter utilizzare il braccio destro e quindi versarle da bere con più agio.

I signori siedono un attimo dopo le signore. Lo so, non lo fa quasi più nessuno tranne che in certi adorabili ambienti. Durante il pasto se una signora si allontana dal tavolo, per qualunque motivo, gli uomini si alzano contemporaneamente a lei, si risiedono appena si allontana e si rialzano appena riappare. A una cena in casa privata, ricordate, l'ospite d'onore uomo si siede alla destra della padrona di casa, mentre l'ospite d'onore donna si siede alla destra del padrone di casa.

Prenotazioni. Se avete prenotato in un ristorante e poi per qualsiasi motivo cambiate idea, soprattutto se il locale possiede coperti limitati, telefonate sempre per disdire. All'estero nei ristoranti stellati si lascia il numero di carta di credito perché in caso di mancato avviso viene addebitata una mora.

Presentazioni. Prima di imparare qualsiasi altra regola, la buona educazione ci impone di presentarci ogni volta che ci troviamo a dividere una tavola. In teoria dovrebbero pensarci i padroni di casa, ma se chi ospita è assente lo faremo noi dicendo il nostro nome con un sorriso accompagnato da un buongiorno o da un buonasera.

Prezzemolo. Che dilemma, dire o non dire della fogliolina di prezzemolo tra i denti del nostro commensale. Sì, meglio dirlo. Basta sussurrarlo discretamente in un orecchio.

Ribes e frutti di bosco. Si servono in coppette con il cucchiaio da frutta.

Reclami. Nel caso di un cibo malcucinato, di un vino che sa di tappo o di una posata o un piatto non pulitissimi, ci si limita, senza recriminazioni, a chiedere che vengano sostituiti spiegando il problema con gentilezza. Con educazione e garbo è giusto sottolineare gli errori da parte della cucina o del servizio, nei locali pubblici.

È peraltro di cattivo gusto mostrarsi incontentabili, critici, polemici, commentare la scelta dei piatti al cameriere o parlare dei propri disturbi intestinali agli altri ospiti.

Ricci di mare. Solo se volete male ai vostri ospiti li servirete a una cena formale. Meglio lasciare questo ingrediente sensuale per uno spaghetto a due, magari cucinato insieme e consumato su una terrazza al tramonto.

Riso e risotto. Si mangia con la forchetta, non si soffia sul risotto e non si allarga nel piatto come si vede fare.

Ritardo. Mai arrivare in ritardo a un appuntamento galante, anche se alla signora è permesso un indugio di dieci minuti. Se arriviamo in ritardo in una casa privata o al ristorante è d'obbligo telefonare per avvisare.

Sale e pepe. Non si chiede al ristorante di classe se non strettamente necessario, è come sottolineare che il piatto non era perfetto. In casa, durante i pasti quotidiani si mette in tavola, ma è meglio non farne uso.

Salame. In una cena formale non si serve. Con gli amici e in famiglia ben venga qualche fetta di salame. Si può prendere con le mani e mangiarlo accompagnato dal pane; si eviti il classico panino, a meno che non ci si trovi a un bel picnic.

Salmone. Si consuma con le posate da pesce, se accompagnato da crostini non va messo sul pane ma consumato a parte.

Salse. Le salse non si raccolgono se non con il salsacoltello, una posata a forma di cucchiaio, ma con un lato tagliente creata apposta per tagliare e tirar su ciò che rimane nel fondo del piatto.

Scampi. Serviteli già sgusciati quando è possibile. Consigliati per le cene private a due.

Scarpetta. Mi dispiace, ma il galateo non ammette scarpette di sorta e soprattutto non tollera surrogati, e cioè tutte quelle pratiche che i commensali ingegnosi si inventano per raccogliere un buon sugo dal fondo del piatto. Non esistono deroghe. Via libera alla scarpetta, invece, nelle riunioni familiari e per lo Sgalateo.

Segnaposti. È un bel gesto predisporre i segnaposti quando si hanno tanti ospiti e soprattutto se vogliamo mantenere la regia a tavola. Potete sbizzarrirvi con oggetti di ogni genere, che servano da supporto al cartoncino sul quale sarà scritto il nome.

Soffiare. È molto maleducato soffiare sul cucchiaio o sul piatto per raffreddare il cibo.

Sottopiatti. Sono utili e doverosi nelle cene formali, belli quelli in argento, ma sono ammessi tutti i materiali.

Spaghetti. Si mangiano arrotolandoli alla forchetta, che non va puntata sul piatto, ma tenuta leggermente inclinata, quasi orizzontale. Si raccolgono pochi fili di pasta per volta, in modo da portare alle labbra un boccone piccolo. Evitate accuratamente risucchi di ogni tipo e rimasugli di sugo sul mento. Orribile l'utilizzo del cucchiaio o, peggio ancora, del coltello per tagliarli!

Spumante. Quello secco non si serve mai a fine pasto insieme ai dolci. Se volete mostrarvi esperto di vino, dite «metodo classico», oggi lo spumante si chiama così. «Bollicine» pare sia superato, ma rende l'idea. Quando si stappa tenete la mano destra sopra l'imboccatura della bottiglia per evitare che il tappo colpisca qualcuno nella stanza e soprattutto cercate di essere silenziosi.

Starnuto. L'ideale sarebbe reprimerlo, soffocarlo, ucciderlo, specialmente durante cerimonie e pranzi formali. Quando vi accorgete che lo starnuto sta arrivando, conviene alzarsi e procurarsi un fazzoletto pulito. Se proprio dovete restare seduti, voltate il viso all'esterno del tavolo e starnutite dentro il fazzoletto, badando di fare meno rumore possibile. In Giappone è considerato ripugnante starnutire a tavola.

Stuzzicadenti. Come tutte le operazioni riguardanti il proprio corpo, stuzzicarsi i denti a tavola non è ammesso. In realtà i ristoratori dovrebbero mettere il contenitore degli stuzzicadenti in bagno. Se il fastidio è insopportabile, alzatevi dal tavolo.

Sushi. Se non sapete usare le bacchette, non pasticciate inutilmente. Usate le mani, che è consentito, oppure chiedete una forchetta. Ogni pezzo di sushi va intinto nella soia dalla parte del pesce, mai dal riso. Le bacchette si appoggiano all'apposito utensile che assomiglia a un poggiaposate, e quando avete finito si mettono allineate sulla ciotola che contiene la salsa di soia. Al sushi bar, se sedete al bancone, non date soldi al maestro sushi presi dall'entusiasmo: non può toccarli.

Tavola. Sulla tavola non si appoggia nessun oggetto, niente chiavi, occhiali, portafogli o telefoni.

Tè. Si beve sorseggiando dalla tazza senza sollevare il mignolo, per carità. Non vi si inzuppano dolci o tartine, ma si alternano piccoli bocconi e sorsi di bevanda. La padrona di casa che invita per il tè predispone zucchero, latte e fettine di limone, qualche biscotto ed esorta gli ospiti a servirsi da soli dopo aver versato il tè nelle tazze.

Toilette. Non c'è bisogno di annunciarlo rumorosamente, se si vuole andare in bagno ci si alza con un semplice «Scusate». Alle signore consiglio di non abbandonare per ore il proprio cavaliere ad aspettare al tavolo.

Torta. Si mangia con l'apposita forchetta a tre punte.

Tovaglia. La tovaglia, di qualsiasi colore sia, dovrà essere stirata alla perfezione e questo va fatto una volta che viene stesa sulla tavola, sopra un «mollettone», così si chiama il telo morbido di protezione alla superficie del tavolo. Scegliete tessuti naturali in colori contrastanti con i piatti la cui base, sarò tradizionalista, deve essere rigorosamente bianca.

Tovagliolo. Solitamente piegato e posato sopra il piatto o il sottopiatto va a destra, ma si può semplicemente piegare a triangolo e adagiare sul piatto. Evitate piegature fantasiose e laboriose. All'inizio del pasto va steso sulle ginocchia, sempre dopo la padrona di casa o, al ristorante, dopo la persona che ha invitato. Non va mai legato al collo. Si usa prima di bere, sempre, e dopo aver appoggiato il bicchiere. Alla fine del pasto si lascia alla sinistra del piatto. In alcuni ristoranti di alto livello, prima del servizio del dolce, il tovagliolo viene cambiato con uno più piccolo. È un atto di grande cortesia.

Signore, cercate di non lasciare vistose impronte di rossetto, signori non usatelo per detergervi il sudore dalla fronte.

Ubriachezza. Può succedere che un ospite esageri con l'alcol: che fare? Un bravo anfitrione cerca di arginare come può la serata, ma di certo non lo abbandona fuori dalla porta a fine cena. Si preoccupa di accompagnarlo a casa e di assicurarsi che stia bene.

Uomo. Uomini, ricordate! Basterà un gesto come aprirle la portiera o alzarsi nel momento in cui lei lascia il tavolo per farsi ricordare a lungo. Insomma, vi verrà perdonato anche qualche sbaglio, se saprete usare qualche galanteria al momento giusto. L'uomo entra per primo in un locale, comunica con i camerieri, versa da bere, si dimostra più interessato alla compagnia che al cibo, conversa e dovrebbe pagare il conto.

Uova. Non si usa mai il coltello, in qualsiasi modo siano cucinate. Lo si può usare solo per tagliare il prosciutto o la pancetta che le accompagna.

Uva. Va tenuta con la mano sinistra, mentre con la destra si staccano gli acini che andranno alla bocca.

Verdure. Non si tagliano mai con il coltello.

Vino. Non si versa mai sino al collo del bicchiere. Si stappa sempre davanti agli ospiti, e così pretendete al ristorante. Si fa scegliere alla signora e se questa si rifiuta si prende l'iniziativa chiedendo almeno «bianco o rosso». Chi invita, sia a casa sia al ristorante, propone i vini e chiede se gli invitati sono d'accordo. Il vino non si mescola con l'acqua e non deve essere raffreddato con il ghiaccio. Si lascia in un secchiello di qualsiasi materiale, possibilmente su un tavolino a parte.

Zotico. È l'epiteto che si merita chi a tavola pecca di prepotenza e maleducazione. Per neutralizzare lo zotico recidivo è necessaria più fermezza che ironia, la seconda non la coglierebbe. Un seccato richiamo ha più probabilità di venire accolto.

Zuppa, zuppiera. Non si soffia sulla minestra o la zuppa. In Inghilterra, il cucchiaio non viene introdotto in bocca di punta, ma appoggiato lateralmente alle labbra. In Italia il cucchiaio viene introdotto in bocca di punta. Ma ciò non vuol dire, beninteso, che lo si debba inghiottire fino al manico. È tollerato che, arrivati agli ultimi cucchiai di minestra, si sollevi appena il piatto inclinandolo verso il centro della tavola.

Zuzzurellone. Avete presente quei soggetti che pur essendo adulti si comportano come ragazzini e si divertono a fare i giocherelloni? È il buontempone, il burlone che a tavola gioca con il cibo, estenua i commensali con storielle imbarazzanti, indovinelli, racconti di vita privata e via discorrendo. Basterà ignorarlo senza ridere delle sue battute pesanti per neutralizzarlo.

Bibliografia

Castiglione B., *Il Libro del Cortegiano*, a cura di G. Preti, Einaudi 1965.

Clermont-Tonnerre H. de, *Politesse oblige*, L'Archipel, 2003.

Darwin C., *L'espressione delle emozioni nell'uomo e negli animali*, Bollati Boringhieri, 1999.

De La Fressange I., *La Parisienne*, Flammarion, 2010.

Della Casa G., *Il Galateo*, Einaudi, 2006.

Della Gherardesca S., *Non si dice «piacere»*, Sperling & Kupfer, 2000.

Duranti F., *Manuale di conversazione. Né rissa né noia*, Pacini Fazi, 2009.

Ekman P., *I volti della menzogna: gli indizi dell'inganno nei rapporti interpersonali, negli affari, nella politica, nei tribunali*, Giunti, 2011.

Flocker M., *The Metrosexual Guide to Style*, Edition Paperback, 2003.

Fontanel S., *Le savoir vivre efficace et moderne*, Editions 84, 2006.

Gasperini B., *Il galateo. La più famosa e divertente guida ai misteri del «savoir faire»*, Dalai, 2010.

Johnson A., *Savy Chic: The Art of More for Less*, HarperCollins e-books, 2010.

Leopardi G., *Tutte le opere*, vol. I, Sansoni, 1969.

Morris D., *La scimmia nuda. Studio zoologico sull'animale uomo*, Bompiani 2003.

Morris, D. *L'uomo e i suoi gesti. L'osservazione del comportamento umano*, Mondadori, 1982.
Pease A. e B., *Perché mentiamo con gli occhi e ci vergogniamo con i piedi?*, Rizzoli, 2008.
Prezzolini G., *Maccheroni & C.*, Longanesi, 1957.
Ronchi della Rocca B., *Il passaporto delle buone maniere. Il galateo del viaggiatore*, Sperling & Kupfer, 2005.
Rosselli C., *Il saper vivere di Donna Letizia*, Rizzoli, 2007.
Sebeok T.A., *A Sign Is Just A Sign*, Bloomington, Indiana University Press, 1991.
Sebeok T.A., *Essays in Zoosemiotics*, Toronto Semiotic Circle, Monograph Series N. 5, 1990.
Tarantini N., Pinardi M.T., *Il risveglio del corpo*, Iacobelli, 2011.
Turchet P., *La Sinergologia*, Armando, 2006.
Valla F., *Facciamo la pappa*, Mondadori, 2011.

Indice

ROBERTA SCHIRA

CUCINOTERAPIA

Odiato o amato, preparato con cura o consumato al volo, il cibo è sempre in cima ai nostri pensieri, anche quando non vogliamo. Lo sa bene chi, in un momento d'ansia, si ingozza di salatini e patatine; o chi, per lenire un dispiacere, divora un panettone intero. Ma il cibo è molto più che la valvola di sfogo delle nostre tensioni: il cibo è nutrimento e vita, è cura e attenzione, è socialità e comunicazione. Cucinare diventa quindi un atto profondamente creativo, giocoso, rassicurante, in cui ogni fase della realizzazione di una ricetta diventa un momento prezioso, da godere da soli o condividere con gli altri: preparare gli ingredienti, manipolare la materia, attendere la cottura, assaggiare. Fino al momento più bello e più atteso, quello del convivio. Con *Cucinoterapia*, la psicologa del gusto Roberta Schira ci accompagna dietro i fornelli in un viaggio che, passando attraverso la psicologia e le abitudini, dall'infanzia alla vecchiaia, svela i pregi e i benefici del cucinare e offre meravigliose «ricette», golose e salutari per la mente, il cuore e il palato.

SALANI EDITORE

ROBERTA SCHIRA

LA PASTA FRESCA E RIPIENA

Fra tutti i territori della gastronomia italiana, quello della pasta fresca e ripiena - di produzione principalmente artigianale e casalinga - è probabilmente il più vasto, composito, stratificato e difficile da raffigurare. L'alimento che è tra i simboli e le bandiere della nostra cultura della tavola conta infatti tante tipologie, varietà, declinazioni quante sono le regioni, le zone, le città, i quartieri e persino le famiglie che si vantano di esserne le sole, orgogliose depositarie. Roberta Schira si è sobbarcata l'arduo compito di tentare una prima codifica sistematica di tutti i formati di pasta fresca e ripiena d'Italia, offrendocene duecentocinquanta ricette tradizionali e guidandoci alla scoperta delle sue origini antiche e affascinanti, in un viaggio antropologico attraverso la storia, la geografia e, naturalmente, ingredienti, tecniche e segreti di preparazione. Per tutti coloro che già conoscono o vogliono imparare ad assaporare il piacere unico di impastare, tirare sfoglie e veder nascere paste fresche e ripiene, accanto alle ricette della tradizione ce ne sono anche cinquanta di nuove, a testimoniare la vitalità inesauribile di questa autentica «magia a colpi di matterello».

PONTE ALLE GRAZIE

Fotocomposizione: Macchia Nera di Andrea Bongiorni
Milano

Finito di stampare
nel mese di marzo 2013
per conto di Adriano Salani Editore S.p.A.
da Grafica Veneta S.p.A. di Trebaseleghe (PD)
Printed in Italy